跟罗素感悟一生要懂的77个哲理

哲学是一个思考与启发思考的过程，我们在不断的思考与求索中，能加强对事物的认知，能拓展心灵，增加想象力，能让我们用更加理性的头脑，看待世界，处理问题。

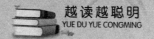
越读越聪明
YUE DU YUE CONGMING

跟罗素感悟

一生要懂的 77个哲理

南浩博 编著

研究出版社

图书在版编目（CIP）数据

跟罗素感悟一生要懂的77个哲理 / 南浩博编著.
— 北京：研究出版社，2013.3（2021.8重印）
（越读越聪明）

ISBN 978-7-80168-773-9

Ⅰ.①跟 …
Ⅱ.①南 …
Ⅲ.①西方哲学—哲学史—通俗读物
Ⅳ.①B5-49
中国版本图书馆CIP数据核字（2013）第041462号

　　　　　　　　责任编辑：之　眉　　责任校对：陈侠仁

出版发行：研究出版社
　　　　　地　址：北京1723信箱（100017）
　　　　　电　话：010-63097512（总编室）010-64042001（发行部）
　　　　　网址：www.yjcbs.com　E-mail：yjcbsfxb@126.com
经　　销：新华书店
印　　刷：北京一鑫印务有限公司
版　　次：2013年5月第1版　2021年8月第2次印刷
规　　格：710毫米×990毫米　1/16
印　　张：14
字　　数：185千字
书　　号：ISBN 978-7-80168-773-9
定　　价：38.00 元

前　言

　　哲学的意思是"热爱智慧"，哲学的目的是引发思考。是对生活的一种态度，是保持心灵的开放，是试着探寻本质真相。哲学反映了人类与生俱来的求知与探索欲望，这种渴望其实植根于每个人的内心深处。哲学给我们人生的指引，一个人对外界和自身有了更好的认知，他就能更正确地对待生活。

　　哲学并不是多么高深的东西，不是学院派的奢侈品，不是抽象烦琐的教条，更不是漫无边际的高谈阔论。所有的哲学问题和哲学思考都源于人类的生活本身，所以维特根斯坦说："一部严肃伟大的哲学著作，完全可以用笑语写成。"哲学存在于我们的身边，存在于每个生活的细节，完全可以由一个个故事生动地体现。

　　对于普通读者来说，想要了解一点哲学，最简易的入门方式莫过于先读一部好的哲学史，概念、脉络、优劣历历在目。而罗素的《西方哲学史》可以说是最佳选择之一。这部书没有标准哲学史的晦涩，它深入浅出，通俗易懂，文辞优美，生动有趣，因成功将哲学介绍给普通大众，使罗素获得诺贝尔文学奖。该书自引入中国之后，很多人都焚香静读，将其视为案头必备的哲学读本。

　　这本《跟罗素感悟一生要懂的77个哲理》，将上述两种最好的学哲学的方式合二为一，以罗素的西方哲学读本为引导讲哲理故事，撷取罗素《西方哲学史》中的经典语句作为切入点，作为一个个哲学问题与思考的引导，引领读者阅读经典有趣的哲理故事，通过故事了解哲学的真正意义与旨趣，使哲学能为生活服务。

　　本书通过罗素本人的话语及其所引用的其他哲学大家的言论，引发出了77

个有益于心灵、有助于生活、有利于成长的哲理。通过哲理故事引领读者深入一个个哲学问题，在故事中感悟、思考十大人生主题：追求知识、洞悉人性、认识自我、反思万物、透视挫折、把握自己、人生关怀、为人处世、诗意生活、发现幸福。让读者在轻松愉悦之中，领悟严肃哲学的趣味，回味生活的甜美，体悟人生的真谛。

我们要学哲学，并不是要无所不知，哲学对它所提出的问题，也并不都能给出确定的答案。哲学是一个思考与启发思考的过程，我们在不断地思考与求索中，能加强对事物的认知，能拓展心灵，增加想象力，能让我们用更加理性的头脑，看待世界，处理问题。愿书中的哲理故事能成为一盏盏灯，点亮你我，使人生之旅变得轻松快乐。

目 录
CONTENTS

第四章　反思万物：对立统一的矛盾

第五章　透视挫折：在逆境中好成长

第六章　把握自己：扼住生命的咽喉

第七章　人生关怀：快乐是一种选择

第八章　为人处世：做一个正直的人

目录

第九章 诗意生活：生活可以如此美

第十章 发现幸福：让幸福敲你的门

第一章
追求知识：智慧树上的果子

知识力量：
变富庶的森林国

没有一个是可以与众神同在的，只有爱知识的人才能够。

——罗素《西方哲学史·柏拉图的不朽论》

英国哲学家培根坚信，掌握自然界发展规律知识本身就是一种巨大的力量，他提出："人的知识和人的力量相结合为一"，"达到人的力量的道路和达到人的知识的道路是紧挨着的，而且几乎是一样的"，培根的这一观点被后人表达为著名的口号："知识就是力量"。

森林国是个贫穷的国度。因为这里没有知识，没有人会读书，会写字，都是些文盲，所以这里的国民都过着穷苦的生活。而住在首都星星城的狮子国王和它的那些贵族、绅士们，都守着开国时留下的基业，过着豪华的生活。

一天上午，在通往首都的大路上，走着一只大猩猩。它，就是两年前出国谋生的拉伯特。拉伯特本来是星星城的贫民，可现在却是衣冠楚楚，鼻梁上还架了两个"圈圈"。它一进城，见了熟人就讲："我带来财富了，一笔可观的财富。"人们一听，都莫名其妙，围了上来。拉伯特的肩上还背着一叠叠订好的纸。有人翻了翻，里面都是些横横竖竖，谁也看不懂。

这时，拉伯特被人们拥上了一座高台，它激动地大声说："乡亲们，我今天带来了一笔可观的财富，能使大家结束贫苦的生活，迎来幸福的明天。这笔财富就是知识和文化。有了它们，大家就能金银满库，粮食满仓。"这时，台下一阵骚动，大家都交头接耳，议论纷纷。"静一静，静一静！"拉伯特又说话了，"只要你们捐款建所学校，大家就能免费上学，只要认真学，你们一定会富起来的！"台下又是一阵骚动，不少人都半信半疑。可是，没办法，谁也不想再过穷苦的生活了，就捐出了仅有的几个钱，报名上学。

这时，这个爆炸性的新闻传到全国最富有的一个绅士——狗熊莱克先生的耳朵里。这个莱克先生是全国有名的老顽固。它知道后，只是轻蔑地撇了撇嘴："什么？知识？这不过是穷光蛋们的一种游戏！它们是永远不会富的！"

过了不久，学校总算勉强建起来了。拉伯特当了校长。第一节课，校长教它们最基本的语文和算术。这些学生们虽然很穷，可是都很用功。只用了一年的工夫，它们就会把知识运用在劳动上了。

水獭自从学完水利学后，便在河边完成了一个大型水利工程。从此，人们再也不用肩挑水灌溉农田了。鼹鼠学完地质学后，开始在地下找金矿。果然，在森林国境内一连找到了十多处金矿，开采了不知多少黄金。

经过一段时间的努力，粮仓里堆满了粮食，金库里全是黄金。拉伯特的诺言终于实现了。从此，森林国成了个富庶的国家。

而那些绅士，尤其是那个莱克，还是不想学知识。它看着那些"贫民"们竟成了富翁，而自己却成了全国最穷的"绅士"了。

人的一生其实就是学习的一生，我们所遇到的人，所遇到的事物，所得到的经验都是人生大学的教师，只是有的主动学习，有的被动学习，这也正是先进与落后最直观的体现与最根本的原因。所以，高尔基又说："只有知识才是力量；只有知识能使我们诚实地爱人，尊重人的劳动，由衷地赞赏无间断的伟大劳动的美好成果；只有知识才能使我们成为具有坚强精神的、诚实的、有理性的人。"

学海无涯：
苏格拉底的智慧

> 苏格拉底承认他自己是完全困惑住了，因为他自己一无所知，而神又不能撒谎。

——罗素《西方哲学史·苏格拉底》

苏格拉底是古希腊最伟大的哲学家，他出生于希腊雅典一个普通公民的家庭，父亲是雕刻匠，母亲是一个助产妇。传说苏格拉底鼻子扁平，嘴唇肥厚，眼睛凸出，身体矮小，与人们想象中的智者温文尔雅的形象相去甚远。但就是这样一个容貌平凡甚至是丑陋的人，却有着非凡的智慧。

相传有一次有人向德尔斐神坛求问，有没有人比苏格拉底更有智慧；德尔斐神坛答称再没有别人了。苏格拉底却说："只有神才是智慧的，他的答复是要指明人的智慧是没有什么价值的或者全无价值的。神并不是在说苏格拉底，他仅仅是用我的名字作为说明，像是在说，人们啊，唯有像苏格拉底那样知道自己的智慧实际上是毫无价值的人，才是最有智慧的人。"苏格拉底为自己的"无知"而自豪，并认为人人都应承认自己的无知。

苏格拉底提倡人们认识做人的道理，过有道德的生活。他把哲学定义为"爱智慧"，他的一个重要观点是：知道自己无知。许多有钱人家和穷人家的子弟常常聚集在他周围，向他请教，苏格拉底却常说："我除了知道我的无知这个事实外一无所知。"

世界无限广阔，知识永无穷尽。如果把自己看到的一个角落当作整个世界，把自己知道的一点点知识看作人类文化的全部，就会成为下面故事中的这只青蛙——孤陋寡闻、夜郎自大和安于现状的反面角色。

有一只青蛙长年住在一口枯井里。它对自己生活的小天地满意极了，一有机会就要当众吹嘘一番。有一天，它吃饱了饭，蹲在井栏上正闲得无聊，忽然看见不远处有一只大海鳖在散步。青蛙赶紧扯开嗓门喊了起来："喂，海鳖兄，请过来，快请过来！"海鳖爬到枯井旁边。青蛙立刻打开了话匣子："今天算你运气了，我让你开开眼界，参观一下我的居室。那简直是一座天堂。你大概从来也没有见过这样宽敞的住所吧？"

海鳖探头往井里瞅瞅，只见浅浅的井底积了一摊长满绿苔的泥水，还闻到一股扑鼻的臭味。海鳖皱了皱眉头，赶紧缩回了脑袋。青蛙根本没有注意海鳖的表情，挺着大肚子继续吹嘘："住在这儿，我舒服极了！傍晚可以跳到井栏上乘凉；深夜可以钻到井壁的窟窿里睡觉；泡在水里，让水浸着两腋，托住面颊，可以游泳；跳到泥里，让泥盖没脚背，埋住四足，可以打滚。那些小虫子、螃蟹、蝌蚪什么的，哪一个能比得上我呢！"青蛙唾沫星儿四溅，越说越得意："瞧，这一坑水，这一口井，都属我一个人所有，我爱怎么样就怎么样。这样的乐趣可以算到顶了吧。海鳖兄，你不想进去观光观光吗？"

海鳖感到盛情难却，便爬向井口，可是左腿还没能全部伸进去，右腿的膝盖就被井栏卡住了。海鳖慢慢地退了回来，问青蛙："你听说过大海吗？"青蛙摇摇头。海鳖说："大海水天茫茫，无边无际。用千里不能形容它的辽阔，用万丈不能表明它的深度。传说四千多年以前，大禹做国君的时候，十年九涝，海水没有加深；三千多年以前，商汤统治的年代，八年七旱，海水也不见减少。海是这样大，以至时间的长短、旱涝的变化都不能使它的水量发生明显的变化。青蛙弟，我就生活在大海中。你看，比起你这一眼枯井、一坑浅水来，哪个天地更开阔，哪个乐趣更大呢？"

青蛙听了海鳖的一番话，吃惊地待在那里，再没有话可说了。

有句古谚语说得好："吾生也有涯，而知也无涯。"几千年的知识文化就像是宽阔辽远的海洋，岂是人生短短几十年能学完的呢？

求知若渴：
偷食上帝的禁果

但有一种真正的钱是应该不惜拿一切去交换的，那就是智慧。

——罗素《西方哲学史·柏拉图的不朽论》

智慧是人类脱离自然界的标志，正是因为有了智慧，人类才创造了文明。然而，根据《圣经》记载的关于人类起源的故事来看，对智慧的渴求似乎并非是上帝赋予人类的，而恰好是上帝阻止人类拥有的：

上帝在东方的伊甸，为亚当和夏娃造了一个乐园。那里的地上撒满了金子、珍珠和红玛瑙；还有各种树木从地里长出来，它们开满了奇花异卉，非常好看；树上的果子还可以作为食物。上帝让亚当和夏娃住在伊甸园中，让他们修葺并看守这个乐园。上帝吩咐他们说："园中各样树上的果子你们可以随意吃。只是生命树和智慧树上的果子你们不可吃，因为你们吃的日子必死。"于是，亚当和夏娃就赤裸着绝美的形体，品尝着甘美的果实。他们或款款散步，或悠然躺卧，信口给各种各样的动植物取名：地上的走兽、天空的飞鸟、园中的嘉树、田野的鲜花。他们就这样在伊甸乐园中幸福地生活着，履行着上帝分配的工作。

只是有一天，撒旦——这个原本是上帝天使的恶魔，以蛇的形状从空中飞落到地面，从地上立起身子来显现在夏娃面前，并以十分狡诈的口吻试探夏娃说："上帝岂是真说不许你们吃园中所有树上的果子吗？"它的形状有点像个大问号，疑问便在夏娃心中萌动了。夏娃虽然有些动心，但信心的根基并没有动摇。她如实地转达了上帝的诫命："园中树上的果子我们可以吃，唯有园当中的那棵树上的果子，上帝说：'不可以吃，也不能摸，免得你们死。'"

撒旦听出了夏娃口气中的丝微犹豫，他展开了攻势："你们不一定死，因为上帝知道你们吃了果子，眼睛就亮了，你们便和上帝一样有智慧，知道善恶了。"

夏娃见那树上的果子非常鲜嫩光洁，悦人眼目，惹人心爱，比她吃过的任何果子都要好。听说吃了它还可以具有与上帝一样的智慧，她纯洁天真的心理天平倾斜了，上帝的告诫被抛到九霄云外。她终于伸手摘了那本来禁止人摘的果子，吃了下去；她又给了亚当，亚当也吃了。两颗果子好像强力剂注入了混沌蒙昧的两颗心，二人的精神世界顿时澄清了，明晰了，他们的眼睛明亮了。他们开始分辨物我，产生了"自我"的概念，他们无比沮丧地发现，自己赤裸着身体，是羞耻的事情。于是他们用无花果的叶子为自己编织了裙子，来遮掩身体。

亚当和夏娃偷食禁果以后，世界便为此颠倒。原来温暖如春的天空中盘旋着背离上帝的寒流，凉风一阵紧似一阵地吹过来。上帝来到园中，亚当和夏娃听见了他的脚步声。此时他们的心与上帝有了罅隙，出于负罪感，他们开始在树林中躲避上帝。可是，上帝喊亚当，问他在何处，为何藏起来。亚当答道，他听到上帝的声音，很害怕。上帝说："如果你害怕，那一定是吃了我禁止你们吃的果子。"

然而在上帝的追问面前，亚当辩解说："您所赐给我与我同居的女人把那树上的果子给我，我就吃了。"上帝回顾夏娃，问她："你都干了些什么呢？"夏娃又说："那蛇引诱我，我就吃了。"

上帝知道这已无法挽回，于是，他对蛇下了诅咒，并把亚当和夏娃赶出了伊甸园，说："既然你们已经有了智慧，知道了善恶，那就必须离开伊甸园了。如果你们留下来，那你们可能会去吃生命树上的果子，那你们就会永远活下去了。这样的事情是我所不能允许的。"上帝把他们赶到尘世里，咒骂他们，说从今往后，亚当必须累得满头冒汗才能活下去，夏娃必受分娩之苦。在伊甸园的东边，上帝还派一个天使守在那里，手拿冒火的宝剑，守住伊甸园的入口，保卫生命之树。

这个故事从一个侧面教导我们：在面对新鲜的未知的事物时，是应该浑浑噩噩地遵守"禁令"，还是应该勇敢无畏地去尝试和创新？它的答案正如亚里士多德所说："每个人在本性上都渴望求知"；而但丁也说："人不能像走兽那样活着，应该追求知识和美德"。人天性就渴望求知，正是这种对知识的渴望，这种对智慧的追求，让人们在生产活动中不断地得到提升，从而随着历史的车轮不断升华，才成就了今天的灿烂辉煌。

寻求智慧：
朝闻道，夕可死

> 寻求智慧便是最完善，最崇高，最有益处，和最为愉快的事业。
>
> ——罗素《西方哲学史·圣托马斯·阿奎那》

"哲学有什么用？"几乎每一个哲学家都被问过这样的问题。仅仅靠思考能获得经济收入吗？能养活自己和家人吗？这时有人就会说："还不如脚踏实地老老实实赚钱来得实在。"仰望星空还是脚踏实地？这是一个值得思考的问题。

我国南北朝时期，在齐朝宰相竟陵王萧子良的王府内，名流云集，高僧满座。他们迷信佛教，大谈生死轮回、因果报应，宣扬人死后精神不灭。这时，一位普通官员挺身而出，驳斥高僧们的议论。他认为精神不过是人的形体的一种作用，依附和存属于人的形体，形体存在精神才存在，形体死亡则精神随之消灭。

这个人就是南北朝时期著名的唯物主义哲学家范缜。只见他高谈阔论，旁若无人，把萧子良等一帮王公名流驳得哑口无言。萧子良几次组织人马与他辩论，都被他驳倒了。萧子良无可奈何，派人对他说："像你这样有才能，不怕得不到'中书郎'高官，为什么要发表这种违背潮流的议论，我为你可惜。你应当赶快放弃你的议论。"

范缜听后，哈哈大笑说："要我范缜'卖论取官'，那我现在已经是更高的'尚书令'和'仆射'，何止是'中书郎'啊！"

哲学家通常被认为是仰望星空的思考者，但同时他们也对现实的大地有所关注。哲学家不是不会赚钱，也不是不善从政，只不过他们不愿意罢了。他们对普通人习以为常的事情感到惊诧，提出和解决了许多问题，并不是为了达到什么实用的目的，而更多的是为了内心的满足和人类知识的进步。

在宁静的无知山谷里，人们过着幸福的生活。永恒的山脉向东西南北各个方向蜿蜒绵亘。知识的小溪沿着深邃破败的溪谷缓缓地流着。它发源于昔日的荒山，它消失在未来的沼泽。这条小溪并不像江河那样波澜滚滚，但对于需求浅薄的村民来说，已经绰有余裕。

晚上，村民们饮毕牲口，灌满木桶，便心满意足地坐下来，尽享天伦之乐。守旧的老人们被搀扶出来，他们在荫凉角落里度过了整个白天，对着一本神秘莫测的古书苦思冥想。他们向儿孙们叨唠着古怪的字眼，可是孩子们却惦记着玩耍从远方捎来的漂亮石子。这些字眼的含意往往模糊不清。不过，它们是一千年前由一个已不为人所知的部族写下的，因此神圣而不可亵渎。在无知山谷里，古老的东西总是受到尊敬。谁否认祖先的智慧，谁就会遭到正人君子的冷落。所以，大家都和睦相处。恐惧总是陪伴着人们，谁要是得不到园中果实中应得的份额，又该怎么办呢？

深夜，在小镇的狭窄街巷里，人们低声讲述着情节模糊的往事，讲述那些敢于提出问题的男男女女。这些男男女女后来走了，再也没有回来。另一些人曾试图攀登挡住太阳的岩石高墙，但他们陈尸石崖脚下，白骨累累。日月流逝，年复一年。在宁静的无知山谷里，人们过着幸福的生活。

外面是一片漆黑，一个人正在爬行。他手上的指甲已经磨破，他的脚上缠着破布，布上浸透着长途跋涉留下的鲜血。他跌跌撞撞来到附近一间草房，敲了敲门，接着他昏了过去。借着颤动的烛光，他被抬上一张吊床。到了早晨，全村都已知道："他回来了。"邻居们站在他的周围，摇着头。他们明白，这样的结局是注定的。对于敢于离开山脚的人，等待他的是屈服和失败。在村子的一角，守旧老人们摇着头，低声倾吐着恶狠狠的词句。他们并不是天性残忍，但律法毕竟是律法。他违背了守旧老人的意愿，犯了弥天大罪。他的伤一旦治愈，就必须接受审判。守旧老人本想宽大为怀，他们没有忘记他母亲的那双奇异闪亮的眸子，也回忆起他父亲三十年前在沙漠里失踪的悲剧。不过，律法毕竟是律法，必须遵守。守旧老人是它的执行者。守旧老人把漫游者抬到集市区，人们毕恭毕敬地站在周围，鸦雀无声。漫游者由于饥渴，身体还很衰弱，老者让他坐下。他拒绝了。

　　他们命令他闭嘴，但他偏要说话。他把脊背转向老者，两眼搜寻着不久以前还与他志同道合的人。"听我说吧，"他恳求道，"听我说，大家都高兴起来吧！我刚从山的那边来，我的脚踏上了新鲜的土地，我的手感觉到了其他民族的抚摸，我的眼睛看到了奇妙的景象。小时候，我的世界只是父亲的花园。早在创世的时候，花园东面、南面、西面和北面的疆界就定下来了。只要我问疆界那边藏着什么，大家就不住地摇头，一片嘘声。可我偏要刨根问底，于是他们把我带到这块岩石上，让我看那些敢于蔑视上帝的人的嶙嶙白骨。'骗人！上帝喜欢勇敢的人！'我喊道。于是，守旧老人走过来，对我读起他们的圣书。他们说，上帝的旨意已经决定了天上人间万物的命运。山谷是我们的，由我们掌管，野兽和花朵，果实和鱼虾，都是我们的，按我们的旨意行事。但山是上帝的，对山那边的事物我们应该一无所知，直到世界的末日。他们是在撒谎。他们欺骗了我，就像欺骗了你们一样。那边的山上有牧场，牧草同样肥沃，男男女女有同样的血肉，城市是经过一千年能工巧匠细心雕琢的，光彩夺目。我已经找到一条通往更美好的家园的大道，我已经看到幸福生活的曙光。跟我来吧，我带领你们奔向那里。上帝的笑容不只是在这儿，也在其他地方。"他停住了，人群里发出一声恐怖的吼叫。"亵渎，这是对神圣的亵渎。"守旧老人叫喊着，"给他的罪行以应有的惩罚吧！他已经丧失理智，胆敢嘲弄一千年前定下的律法。他死有余辜！"人们举起了沉重的石块，杀死了这个漫游者，把他的尸体扔到山崖脚下，借以警告敢于怀疑祖先智慧的人，杀一儆百。

　　这个漫游者面对死亡的威胁，仍然能够镇静地表述自己在外面看见的世界。他看见了村里的知识小溪的贫瘠，找到了更广阔的天地，这些奇妙的景象

给了他勇气和信念，让他为了村里人生活的进步而甘愿赴死！

这不正是《论语》中孔子的一句名言："朝闻道，夕死可矣"吗？哲学家也如这个漫游者一般，他们勤于思考，为了人类知识的进步可以牺牲自我，以自身向我们展示着一个道理：生活因思想而精彩，思想因生活而丰富。

学无止境：
小苏东坡的尴尬

> 但是他（苏格拉底）并不以为知识是不可得到的。正相反，他
> 认为追求知识有着极大的重要意义。
>
> ——罗素《西方哲学史·苏格拉底》

"求知可以作为消遣，可以作为装饰，也可以增长才干。当你孤独寂寞时，阅读可以消遣；当你高谈阔论时，知识可以装饰；当你处世行事时，正确运用知识意味着力量。懂得事物因果的人是幸福的。有实际经验的人虽能够办理个别的事物，但若要纵观整体，运筹全局，唯有掌握知识方能办到。"这是弗朗西斯·培根在《论求知》中所说的一段话。

有一个年轻人，非常想成为苏格拉底的学生。于是他便风尘仆仆地找到苏格拉底，请求苏格拉底收他为徒。苏格拉底想了想，对他说："要想做我的学生，先跳到河里去。"年轻人心里很是纳闷，但又不敢问，只好立刻跳进河中。紧跟着苏格拉底也跳进河里，把年轻人的头抱住使劲往水里按，没等搞明白怎么回事，年轻人已连灌了几口河水。然后，苏格拉底又猛地骑在年轻人的脖子上，继续不停地往下按，年轻人喝了好多水，再喝下去怕就没命了。这时，年轻人再也顾不得许多，猛地把苏格拉底掀下水，逃到岸上，气呼呼地问："你为什么这样做，难道想淹死我吗？"苏格拉底说："我收的学生应该是求知欲望非常强烈的人，而你直到现在才对你未知的事情提出疑问。所以，我不能收你做学生。"

苏格拉底一贯主张人是非常无知的，但他并不认为知识是不可得到的，正相反，他认为追求知识有着很重要意义。而一个人只有拥有强烈的求知欲，才能成为一个好学生，才能成为一个佼佼者。

有这样一个故事。苏东坡（公元1037—1101年）自幼天资聪颖，在饮誉文坛的父亲苏洵的悉心教育和耐心指导下，他逐渐养成了勤学好问的习惯，很有一股子"打破砂锅纹（问）到底"的劲头。经过几年的奋发努力，他的学业大有长进，小小年纪，就已经读了许多书，渐渐能下笔成章了。父亲的至亲好友看了，都赞不绝口，称他是个难得的"神童"，预言他必是文坛的奇才。

少年苏东坡在一片赞扬声中，不免有些飘飘然起来。他自以为知识渊博，才智过人，颇有点自傲。一天，他洋洋自得地取过笔墨和纸，挥毫写下了"识遍天下字，读尽人间书"的对联，并把这副对联贴在了自家门前。他刚把对联贴在门前，有位白发老翁路过他家门口，好奇地近前观看。这位老翁看过，深感这位苏公子太自不量力，过于自信了。

过了两天，这位老翁手持一本书，来苏府面见苏东坡，言称自己才疏学浅，特来向小苏公子求教。苏东坡满不在乎地接过书本，翻开一看，那上面的字他竟一个都不认识，顿时红了脸。老翁见状，不露声色地向前挪了几步，恭恭敬敬地说："请赐教。"一句话激得苏东坡的脸红一阵、白一阵，心里很不是滋味。无奈，他只得鼓足勇气，如实告诉老翁他并不认识这些字。这个老翁听了哈哈大笑，捋着白胡子又激他说："苏公子，你不是'识遍天下字，读尽人间书'了吗？怎么会不识此书之字？"言完，拿过书本，扭头便走。

苏东坡望着老翁的背影，思前想后，很是惭愧。他终于提笔来到门前，在那副对联的上下联前各加了两个字，将对联变成："发奋识遍天下字，立志读尽人间书。"这次，他依然端详了好久，并发誓要活到老学到老，永不满足，永不自傲。从此，他手不释卷，朝夕攻读，虚心求教，文学造诣日深，终于成为北宋文学界和书画界的佼佼者，博得了唐宋八大家之一的盛誉。

学习贵在持之以恒。荀子说："骐骥一跃，不能十步；驽马十驾，功在不舍。契而舍之，朽木不折；锲而不舍，金石可镂。"由此可见，学习能坚持不懈是很重要的。

在学习的同时，我们还要勤加思考。"学而不思则罔，思而不学则殆。"我们学习不能只注重书本知识，知识的海洋无边无际，那里有无限的风景和宝藏等待我们去发现、去挖掘，我们应该乘着"思索"的翅膀，翱翔于广阔的海洋，用全身心去感受知识的魅力。

勤于思考：
笛卡尔的三个梦

我们只要醒着，就无法阻止自己思考。

——罗素《西方哲学史·休谟》

哲学通常被认为是最高深的学问，太过于"抽象"，甚至是"玄虚""神秘"。其实，这是对哲学的一种误解。哲学不过是哲学家在人人都司空见惯、习以为常的地方，去发现问题，反思问题。今天几乎无人不知的笛卡尔的名言"我思故我在"，正是哲学家不停探索真理与知识的最好佐证。

笛卡尔出生于法国都伦的拉哈耶，是贵族家庭的后裔，父亲是个律师。他早年受教于拉福累歇的耶稣会学校。1612年赴巴黎从事研究，曾于1617年和1619年两次从军，离开军营后到欧洲旅行，他的学术研究是在军旅和旅行中作出的。

关于笛卡尔创立解析几何的灵感有几个传说：一个传说讲，笛卡尔终身保持着在耶稣会学校读书期间养成的"晨思"的习惯，他在一次"晨思"时，看见一只苍蝇正在天花板上爬，他突然想到，如果知道了苍蝇与相邻的两个墙壁的距离之间的关系，就能描述它的路线，这使他的头脑中产生了关于解析几何的最初闪念。另一个传说是，1619年冬天，笛卡尔随军队驻扎在多瑙河畔的一个村庄，在圣马丁节的前夕（11月10日），他作了三个连贯的梦，笛卡尔后来说，正是这三个梦向他揭示了"一门奇特的科学"和"一项惊人的发现"，虽然他从未明说过这门奇特的科学和这项惊人的发现是什么，但这三个梦从此成为佳话，给解析几何的诞生蒙上了一层神秘的色彩。

人们在苦心思索之后的睡梦中获得灵感与启示，不是不可能的事情，但事实上笛卡尔之所以能创立解析几何，主要是因为他艰苦探索、潜心思考、运用科学的方法，同时批判地继承前人的成就。

　　笛卡尔说。"我可以怀疑一切，但有一件事却是无法怀疑的，那就是我在怀疑。"正是这种追根究底的怀疑精神和万分敏锐的发现心灵，让笛卡尔成了影响几代欧洲的人，开拓了"欧陆理性主义"的大哲学。

　　正所谓"黑夜给了我黑色的眼睛，我却用它来寻找光明"。我们身边到处都存在着可以思考的事物，只要善于发现，勤于思考，你一定会有所收获。

学思并重：
好学勤思的牛顿

> 他（苏格拉底）是个有智慧的人，他思考着天上并探究到地下的事。
>
> ——罗素《西方哲学史·苏格拉底》

《论语》有云："学而不思则罔，思而不学则殆。"意思是说，只学而不思的人，无法深入理解、领会所学知识的要义，学得越多，疑惑也就越多；那些整日空想的人，没有一定知识作基础，只会越想越迷糊。

众所周知，学与思是相互影响、相互促进的。学与思，学是思的前提。古人讲："博学而笃志，切问而近思，仁在其中矣。"《论语》开宗明义，第一句话就是"学而时习之，不亦说乎？"又曰"君子食无求饱，居无求安，敏于事而慎于言，就有道而正焉，可谓好学也已"。

牛顿1642年出生在英国一个普通农民的家里。在牛顿出生前不久，他的父亲就去世了。母亲在他两岁那年改嫁了。当牛顿十四岁的时候，他的继父不幸故去了，母亲回到家乡，牛顿被迫休学回家，帮助母亲种田过日子。母亲想培养他独立谋生，要他经营农产品的买卖。

一个勤奋好学的孩子多么不愿意离开心爱的学校啊！他伤心地哭闹了几次，母亲始终没有回心转意，最后只得违心地按母亲的意愿去学习经商。每天一早，他跟一个老仆人到十几里外的大镇子去做买卖。牛顿非常不喜欢经商，把一切事务都交托老仆人经办，自己却偷偷跑到一个地方去读书。

时光渐渐流逝，牛顿越发对经商感到厌恶，心里所喜欢的只是读书。后来，牛顿索性不去镇里营商了，但怕家里人发觉，他每天与老仆人一同出去，到半路停下，在一个篱笆下读书。每当下午老仆人归来时，再一同回家。

这样，日复一日，篱笆下的读书生活倒也其乐无穷。一天，他正在篱笆下兴致勃勃地读书，赶巧被过路的舅舅看见。舅舅一看这个情景，很是生气，大声责骂他不务正业；把牛顿的书抢了过来。舅舅一看他所读的是数学书，上面画着种种记号，心里受到触动。舅舅一把抱住牛顿，激动地说："孩子，就按你的志向发展吧，你应该读书。"

回到家里后，舅舅竭力劝说牛顿的母亲，让牛顿弃商就学。在舅舅的帮助下，牛顿如愿以偿地复学了。

思与学，思是学的深化。高尔基说："读书，这个我们习以为常的过程，实际上是人的心灵和上下古今一切民族的伟大智慧相结合的过程。"富兰克林对读书的看法是："读书使人充实，思考使人深邃，交谈使人清醒。"巴尔扎克说："一个能思考的人，才真是力量无边的人。"

牛顿二十三岁时，鼠疫流行于伦敦。剑桥大学为预防学生受传染，通告学生休学回家避疫，学校暂时关闭。牛顿回到故乡林肯郡乡下。在乡下度过的休学日子里，他从没间断过学习和研究。万有引力、微积分、光的分析的基础工作，都是这个期间完成的。

那时，乡下的孩子常常用投石器打几个转转之后，把石抛得很远。他们还可以把一桶牛奶用力从头上转过，而牛奶不掉下来。

这些事实使牛顿怀疑起来：什么力量使投石器里面的石头，以及水桶里的牛奶不掉下来呢？对于这个问题，他曾想到刻卜勒和伽利略的思想。他从浩瀚的宇宙太空，周行不息的行星，广寒的月球，直至庞大的地球，进而想到这些庞然大物之间力的相互作用。这时，牛顿一头扎进"引力"的计算和验证中了。牛顿计划用这个原理验证太阳系各行星的行动规律。他首先推求月球距地球的距离，由于引用的资料数据不正确，计算的结果错了。因为依理推算月球围绕地球转，每分钟的向心加速度应是十六英尺，但据推算仅得十三点九英尺。在失败的困境中，牛顿毫不灰心和气馁，反而以更大的努力进行辛勤地研究。整整经过了七个春秋寒暑，到三十岁时终于把举世闻名的"万有引力定律"全面证明出来，奠定了理论天文学、天体力学的基础。

这时期牛顿还对光学进行了研究，发现了颜色的根源。一次，他在用自制望远镜观察天体时，无论怎样调整镜片，视点总是不清楚。他想，这可能与光线的折光有关。接着就实验起来。他在暗室的窗户上留一个小圆孔用来透光，在室内窗孔后放一个三棱镜，在三棱镜后挂好白屏接受通过三棱镜折进的光。结果，大出意外，牛顿惊异地看到，白屏上所接受的折光呈椭圆形，两端现出多彩的颜色来。对这个奇异的现象，牛顿进行了深入的思考。得知光受折射后，太阳的白光散为红、橙、黄、绿、蓝、靛、紫七种颜色。因此，白光（阳光）是由红、橙、黄、绿、蓝、靛、紫七色光线汇合而成。自然界雨后天晴，阳光经过天空中周围的雨滴的折射、反射，形成五彩缤纷的虹霓，正是这个道理。

经过进一步研究，牛顿指出世界万物之所以有颜色，并非其自身有颜色。太阳普照万物，各物体只吸收它所接受的颜色，而将它所不能接受的颜色反射出来。这反射出来的颜色就是人们见到的各种物体的颜色。这一学说准确地道出颜色的根源，世界上自古以来所出现的各种颜色学说都被它所推翻。

人与人之间之所以存在着能力强弱，贡献大小的差别，主要就在于善不善于动脑筋思考——"思索使人伟大"。牛顿曾说："如果说我对世界有些微贡献的话，那不是由于别的，而是由我的辛苦耐久的思考所致。"读书学习的过程，实际上是一个不断学而思，思而信，信而行的认知和深化的过程。读书不仅要有明确的目标、不懈地读，有针对性地读，还要会在读中感悟精髓，在"悟"中提高思想水平、提高解决实际问题的能力、实现自我超越，正所谓"三思而行，再思可矣"。

第二章
洞悉人性：揭开人类的秘密

谁更高贵：
人和驴的辩论

他（圣托马斯·阿奎那）说上帝不能使一个人成为一匹驴。

——罗素《西方哲学史·圣托马斯·阿奎那》

　　西方哲学史大致可以划分为三个时期：古希腊罗马时期、中世纪时期、文艺复兴及以后时期。古希腊罗马时期是哲学发源时期，讨论的问题集中在本体论、伦理学、政治学阶段，人作为独立个体而存在；中世纪时期是哲学的灰暗时期，哲学完全被神学压制，个人的存在完全被上帝的存在掩盖了；文艺复兴使人们重新发现了人，重新定位了人的存在和价值。正是在文艺复兴中，人的意义被高度的凸显出来，人的高贵被认为超过了动物和天使。

　　有一头狮子从小就在羊群中长大，因为它的叫声和羊不同，因此它感到非常自卑。直到一天晚上，另一头狮子的吼声将其唤醒，它才知道自己的同类在哪里，他回到了狮子的群体里。

　　类似的故事还有我们熟悉的丑小鸭。动物无论由谁去养，怎么养，都只能是原来的样子。然而人则不同。

　　人是同样的人，但环境可以改变一个人——人总是有惰性的，如果周围的人都不思进取沉迷于安乐，对工作得过且过，没有计划性，没有长远性，没有良好的执行力，组织框架松散无序，在这种环境感染下，再勤快的人也会变成一个庸碌无为的人——如果他不能改变这个群体，那么就要被这个群体给同化。

动物比人更善于保持本性，如此说来，似乎动物比人更具有优越性。关于这个问题，在欧洲文艺复兴时期，人文主义学者托麦达在《驴的论辩》中就设想人与驴争论谁更优越。人说人能建造辉煌的宫殿，因此人比动物更聪明，更高贵；驴则说鸟巢和蜂窝也是浑然天成的，以此来说明动物也有建筑本领。人说人以动物为食，因而更优越；驴则指出寄生虫以人体为养料，狮子和鹰也食人肉。

但人最后找出证据把驴说服了，这证据就是：天主肉身化的形象是人，而不是其他动物。在此意义上，人要高于动物而存在。显然到这里不足以说服没有天主信仰的人。因为只有对有天主信仰的人来说，天主才是不容置疑、至高无上的。姑且不论天主是否真的存在，至少人是有宗教信仰的，是有思想和信念的。这正是人与动物区别最大的地方，也是人高贵于动物的地方。

第一章 洞悉人性——揭开人类的秘密

人非机器：
不会哭的机器人

　　他（霍布斯）说，生命无非是四肢的运动，所以机器人具有人造的生命。

　　　　　　　　——罗素《西方哲学史·霍布斯的利维坦》

　　历史上关于人是什么的话题一直就有争议。在这个过程中产生了很多有趣的思想，"人是机器"便是其中之一。

　　在一幢很陈旧的别墅门口，坐着一个生了锈的机器人。他的神情很呆滞，虽然他只是一架机器，而且似乎在等待着什么。

　　一个很可怜的流浪儿从门口经过，机器人拉住了他："嘿，伙计，给我讲个故事吧！"流浪儿说："嘿，我现在身上什么都没有，又累又饿，我只想找点东西填饱肚子。"机器人说："相信我，只要你给我讲故事，我就会照顾好你的。"

　　于是，流浪儿就讲了他小时候的一个故事。

　　机器人说："伙计，你的故事很好听，以后你就住在这里吧，每天都给我讲故事好吗？"流浪儿说："可是，我现在很饿。"机器人："嗯。对不起，我是感觉不到饿的，不过，我想我可以帮你。"

　　机器人说完跑到海边，一个猛子扎了进去。他游到海底，发现了一艘运载古董的商船，然后，从里面取出了一把金茶壶。很快，机器人拿着卖给古董店的钱买了一大堆吃的给了流浪儿，流浪儿也终于吃到了他有记忆以来的第一顿饱饭。

有一天，流浪儿终于开始问起了机器人的来历。原来，以前住在这栋别墅里的是一个富人的两口子，老爷是机械工程师，于是就制造了这一架机器人替他们管家。但是，机器人很爱听故事，因此，每天主人都会有不同的故事讲给机器人听。随着时间一天天地过去，主人开始慢慢地老去，终于有一天，他们俩永远地离开了机器人。失去了故事的机器人，似乎也变得黯然起来，他每天就只好坐在别墅的门口，期待着会有一个能给他讲故事的人出现。这栋别墅非常的偏僻，几乎没人知道这里曾经住过人，直到流浪儿的出现。

于是，流浪儿就在这栋别墅里住了下来。每天，流浪儿给机器人讲自己的故事，也有他想来的故事，机器人照顾流浪儿的生活。渐渐的，流浪儿长大了，而机器人，却似乎有点迟钝了……有一天，机器人把流浪儿叫到身边，跟他说：嘿，伙计，我快要死了，在我死之前，你能给我讲最后的一个故事吗？

"不！不可能"流浪儿大声说，"你是机器人，机器人怎么可能会死呢？"

机器人说："不用担心，你给我讲故事就是。"

"从前，在一座很旧的房子里，住着一个老爷爷和老奶奶。有一天，老奶奶……"流浪儿发现，机器人的眼睛，已经失去了光泽，他扑到机器人身上，使劲地摇着，但是，当他把耳朵放到机器人身上时，发现里面已经全部停止运转了。

他趴在机器人身上放声大哭，这么多年来，他第一次觉得，当一架机器能够主动地来照顾你，他已经不再是一架机器了，而是自己最忠实的伙伴。

哭着哭着，他发现，机器人的嘴里含着一张字条，他赶忙拿出来，上面写道：伙计，请你把我的核心拿出来，找到地下室，然后把它放在一副机甲里面。

他破涕为笑，赶紧动起手来。

"嘿！伙计，给我讲故事吧！"一个新的机器人站在了他的面前。

"嘿，还是你自己吗？"流浪儿问到。

"当然，伙计，我的记忆被完整地保留了下来。"

"好极了！"

这样，平静的时光过去好几年，昔日的流浪儿已经长大成人了，他通过机器人的帮助，把海底那艘古玩船上的宝物打捞起了很多，然后卖给市场。他用换来的钱自己开了一家小古董店，而且还把别墅翻新了一下，就好像当年一样。

"嘿，伙计。"机器人说，"你已经长大了，该为自己找个妻子了。"

"是吗？"流浪儿说"那，我该怎么找呢？"

"就好像你去寻找机会一样，去找到你的爱人，以后你们有了孩子，也就是我的孙子啦，伙计。"

流浪儿高兴地说："好，那我现在就出去，看看能不能发现好女孩，如果可以的话，我就会带她来见你！"

可是，过了许久，都不见流浪儿回来。后来，一群医生找到了机器人，机器人这才知道，原来流浪儿出门口不久，就发生了车祸。等机器人赶到医院的时候，流浪儿已经快不行了，弥留之际，他对机器人说："嘿，伙计，我不能再陪你了，我答应要找个妻子，十分抱歉。"机器人把手放到他的胸口，就像主人曾经做祷告一样，希望他能好起来。然而，流浪儿的脸色却越来越苍白。机器人想喊他，但是却发现，他还没有给流浪儿起名字。

在一片公墓，机器人拿着一只花环放在流浪儿的坟前："嘿，伙计，我不会哭，但是，我可以发出像人类哭一样的声音，你就当作是我在哭吧！"

实际上，将人视为机器的观点在哲学史上早就有之，著名的英国哲学家霍布斯就秉承着一种机械论的哲学观。他用机械论的观点观察一切，认为人也是自然物体，同其他的自然物体没有本质的区别。人不过是一架自动机，心脏、神经、关节都是人这个机器上的不同部件，它们不停地做机械运动。但从上面这个故事中，我们可以看出，人和机器还是存在区别。机器意味着秩序，它没有选择，只能发出"像"人类哭的声音，这显然与人的状态有着本质的不同。

不过在当今社会，人们为了满足自身的需求而被迫进行非自由自觉的活动，从而丧失了自我的本性。

人的一生是短暂的，不能只注重于对物质的追求，要争取在有限的时间里去追求理想和价值，努力"实现自我"。

人是尺度:
存在即被感知

> "人是万物的尺度，是存在的事物存在的尺度，也是不存在的
> 事物不存在的尺度"。
>
> ——罗素《西方哲学史·普罗泰戈拉》

阿伦·布洛克说："古希腊思想最吸引人的地方之一是，它是以人为中心，而不是以上帝为中心的。"

称得上是古希腊第一位"智者"，也是智者学派的代表人物的普罗泰戈拉，就把人作为重要的研究对象。他把感性的个体——人以及人的感官作为判断一切事物的出发点，提出了著名的命题："人是万物的尺度"，认为事物的存在是相对于人的感觉而言的，人的感觉怎样，事物就是怎样。由此，他又断定"知识就是感觉"，主张只要借助感觉即可获得知识。

普罗泰戈拉的一个学生与苏格拉底的一段对话，体现了他哲学的真正核心。

一次，一个寒冷有风的夜晚，普罗泰戈拉的学生在路上遇见了苏格拉底。

苏格拉底："你认为知识是一种感觉吗？"

普罗泰戈拉的学生："至少我的老师认为是这样的。"

苏格拉底："现在有风在刮着，你我有一个人会觉得冷，另一个人会觉得不冷，或者稍微觉得有点冷，是不是？"

普罗泰戈拉的学生："是的。"

苏格拉底："风本身就是冷的或不冷的，还是像你老师说的，对于感觉

冷的人来说风是冷的，感觉不冷的人来说风是不冷的，而风本身冷或者不冷由人的感觉来定吗？"

普罗泰戈拉的学生："后一种说法对。"

苏格拉底："那么，风对每一个人来说都应该是一个样子的。人的感觉就可以作为为风的尺度。"

普罗泰戈拉的学生："对，既然人可以定义风这样看不见的东西，更不用说那些可以看得见的东西了。"

苏格拉底："人就是万物的尺度。"

"人是万物的尺度"，意思是人的需求是是非善恶的标准。这也就是说，人以自身的感觉获得知识，也以感性的欲望和私利的追求作为道德的标准。因此，道德是因人而异的。这带有浓厚的主观意味，不过，尽管这种思想有着个人主义倾向，将冷热等事物性质看作是人的主观感觉可以定义的东西，否定事物性质的客观性；但它推翻了神是万物的尺度，对传统宗教神学提出了怀疑："至于神，我既不知道他们是否存在，也不知道他们像什么东西"。普罗泰戈拉强调人在现实生活中的地位，抬高了人的地位，因此它具有人本主义的精神。后来英国哲学家贝克莱也提出了"存在即被感知"，与普罗泰戈拉如出一辙。

然而，人是万物的尺度，也就是说，人可以衡量万物，那人又该如何寻找自身的意义呢？也以人自身为标准？这岂不是造成了尺度与对象的统一！因此，人可以衡量万物，却不可以衡量自己。

善恶之争：
天生的好儿童

> 自从人类能够自由思考以来，他们的行动在许多重要方面都有赖
> 于他们对于世界与人生的各种理论，关于什么是善什么是恶的理论。
>
> ——罗素《西方哲学史·绪论》

自古以来，关于人性本善抑或本恶，有着许多的探讨。在《孟子·告子上》中，孟子提出"水信无分于东西，无分于上下乎？人性之善也，犹水之就下也。人无有不善，水无有不下。"

《三字经》也提出了"人之初，性本善"的观点："人之初，性本善。性相近，习相远。苟不教，性乃迁。教之道，贵以专。昔孟母，择邻处，子不学，断机杼。窦燕山，有义方，教五子，名俱扬。"意思是说：人生下来的时候都是好的，只是由于成长过程中，后天的学习环境不一样，性情也就有了好与坏的差别。如果从小不好好教育，善良的本性就会变坏。为了使人不变坏，最重要的方法就是要专心一致地去教育孩子。战国时，孟子的母亲曾三次搬家，是为了使孟子有个好的学习环境。一次孟子逃学，孟母就折断了织布的机杼来教育孟子。五代时，燕山人窦禹钧教育儿子很有方法，他教育的五个儿子都很有成就，同时科举成名。

但是荀子却对人性下了这样的定义："生之所以然者谓之性。"就是说：性，是天赋的、与生俱来的原始质朴的自然属性，是不待后天学习而成的自然本能。他认为，性是恶的，凡人都是好色好利、憎丑恨恶的，这些都是人

性本恶的表现，如顺其自然发展，社会就会充满争夺、残暴、淫乱。

看到这里，或许你就迷惑了，孟子和荀子的观点都有理有据，那人性到底是善还是恶呢？有没有一个得到普遍认同的答案？最近，这个已经争论了上千年的话题，似乎已经找到了答案。据美联社报道，在一个实验中，科学家手里的衣服夹子掉地上了。他不用担心，因为一个刚学会走路的孩子会过去帮他捡起来，并且还给他。这个简单的实验证明，仅有18个月大的孩子也具有帮助他人的无私品质和能力。

德国一家人类进化研究所致力于寻找人类大脑发育的过程，以及人类协作精神产生的源泉。科学家在实验室中研究一群婴儿面对各种环境时如何反应协作。他们意外地发现，婴儿竟然个个都是助人为乐的"好儿童"。

心理学研究员每天在一群刚刚会爬的婴儿面前作简单的动作，比如用夹子挂毛巾，把书垒成堆。经过一段时间，研究员会故意笨手笨脚地搞砸这些最简单的任务。比如把夹子掉了，或把书堆碰倒了。此时实验室24个婴儿在几秒钟之内，同时都表现出要帮忙的意思。

根据研究录像，一个裹着尿布的婴儿看看研究员的脸色，又看看掉在地上的夹子，马上明白了是怎么回事。他手脚并用地爬过来，抓起夹子，推到研究员脚边。看起来急切的要把夹子递给研究员。婴儿都表现出同样的热诚，似乎非常愿意帮助笨手笨脚的研究员。而在整个实验过程中，研究员从来不主动要求婴儿帮助他，也不说"谢谢"之类的话。因为如果做出感谢等表示，很容易改变研究的初衷，使婴儿在帮助人的同时期望回报。所以整个研究中，婴儿完全展现了真正的利他主义精神，助人而不图回报。

婴儿表现出利他主义的心理证明助人为乐是人的天性使然。而在现实社会中，我们也可以处处找到人性本善的证据：人们为慈善机构捐款，尽力保护环境，在地铁上为老人让座。这些行为除了获得自我满足感，通常不会有任何实质回报。至此，我们似乎就可以得出结论——人性本善。

不过话说回来，无论是性善论的孟子还是性恶论的荀子，又有哪一家哪一派不是要我们抑恶扬善呢？

绵羊生性软弱，不得不忍受许多动物的欺凌。于是，它来到上帝面前，请求上帝减轻它的苦难。

上帝对绵羊说："让我在你嘴里装上可怕的獠牙，在你脚上装上尖利的爪子，好不好？"

"噢，不，"绵羊回答，"我完全不想跟那些猛兽一个样子。"

"那么，就让我给你的唾液里加进毒素吧！"上帝又说。

绵羊摇摇头说："我也不愿意与毒蛇为伍，毒蛇遭人痛恨！"

"给你额头安上角，并且让你的脖子变得强劲起来。这样可以吗？"

"也不要。那样一来，我会变得像山羊一样好斗了。"

"可是，你想要保护自己不受别的动物伤害，就必须有伤害别的动物的能力啊！"

"唉，"绵羊叹了口气，说，"那就让我还是老样子吧。因为我担心，有了伤害别的动物的能力后，会唤起我伤害别的动物的欲望。"

从此，选择善良的绵羊便忘记了诉苦和抱怨。

绵羊宁愿继续承受许多动物的欺凌，也不愿意选择恶而是选择了善，这很值得我们每一个人省思。如果我们都选择了恶，世界将充满了纷争与恶斗，那样世界将乱了套，大家都将生活在痛苦和悲惨的深渊里；如果我们都选择了善，我们将生活在越来越和谐的环境里。即使有些人选择了恶，我们也还是应该选择当一个善良的人，以抑恶扬善为己任，尽可能帮助别人弃恶从善。

理性思考：
五个海盗分金

清明的思想乃是正确生活的最重要的条件。

——罗素《西方哲学史·苏格拉底》

亚里士多德有一句关于人性的论断，他说："人是理性的动物"，人与其他动物的差别就在于人具有理性思维。人能从理性出发来控制、约束自己的行为，从而过上幸福的生活。

经济学上有个"海盗分金"模型，是说5个海盗抢得100枚金币，他们按抽签的顺序依次提方案：首先由1号提出分配方案，然后5人表决，超过半数同意方案才被通过，否则他将被扔入大海喂鲨鱼，依此类推。

假定"每个海盗都是绝顶聪明且很理智"，那么"第一个海盗提出怎样的分配方案才能够使自己的收益最大化？"推理的过程是这样的：

从后向前推，如果1至3号强盗都喂了鲨鱼，只剩4号和5号的话，5号一定投反对票让4号喂鲨鱼，以独吞全部金币。所以，4号唯有支持3号才能保命。

3号知道这一点，就会提出"100，0，0"的分配方案，对4号、5号一毛不拔而将全部金币归为己有，因为他知道4号一无所获但还是会投赞成票，再加上自己一票，他的方案即可通过。

不过，2号推知3号的方案，就会提出"98，0，1，1"的方案，即放弃3号，而给予4号和5号各一枚金币。由于该方案对于4号和5号来说比在3号分配时更为有利，他们将支持他而不希望他出局而由3号来分配。这样，2号将拿走

98枚金币。

　　同样，2号的方案也会被1号所洞悉，1号并将提出（97，0，1，2，0）或（97，0，1，0，2）的方案，即放弃2号，而给3号一枚金币，同时给4号（或5号）2枚金币。由于1号的这一方案对于3号和4号（或5号）来说，相比2号分配时更优，他们将投1号的赞成票，再加上1号自己的票，1号的方案可获通过，97枚金币可轻松落入囊中。这无疑是1号能够获取最大收益的方案了！答案是：1号强盗分给3号1枚金币，分给4号或5号强盗2枚，自己独得97枚。分配方案可写成（97，0，1，2，0）或（97，0，1，0，2）。

　　在"海盗分金"中，所有"分配者"想让自己的方案获得通过的关键是，事先考虑清楚"挑战者"的分配方案是什么，并用最小的代价获取最大收益，拉拢"挑战者"分配方案中最不得意的人们。而在现实生活中也一样，我们做事要勤于思考，善于分析，三思而后行，用理性指引人生。

群居需求：
长不大的狼孩

"没有人愿意在只有他独自一人的条件之下而选择全世界的，因为人是政治的动物，是天性就要和别人生活在一起的一种动物"。

——罗素《西方哲学史·亚里士多德的伦理学》

　　人类是一种群居动物，亚里士多德在《政治学》第一卷中，就有一句关于人的定义的名言："人类在本性上也正是一个政治动物"。他的原意是，人对城邦有一定的趋向性。也就是说，人按其本性必须结合成共同体才能生存，国家或城邦就是由此而来的。

　　而且，人不可能单独存在，人首先是生活在一个家庭之中，家庭是人类满足日常生活需要而建立的社会基本形式。所以，如果人类脱离了家庭，脱离了社会，就会成为"半兽半人"。

　　1920年，在印度加尔各答东北的一个名叫米德纳波尔的小城，人们常见到有一种"神秘的生物"出没于附近森林，往往是一到晚上，就有两个用四肢走路的"像人的怪物"尾随在三只大狼后面。后来人们打死了大狼，在狼窝里终于发现这两个"怪物"，原来是两个裸体的女孩。其中大的年约七、八岁，小的约两岁。这两个小女孩被送到米德纳波尔的孤儿院去抚养，孤儿院还给她们取了名字，大的叫卡玛拉，小的叫阿玛拉。到了第二年，阿玛拉死了，而卡玛拉一直活到1929年。这就是曾经轰动一时的"狼孩"一事。

　　"狼孩"刚被发现时用四肢行走，慢走时膝盖和手着地，快跑时则手掌、脚掌同时着地。她们总是喜欢单独活动，白天躲藏起来，夜间潜行。怕火和光，也怕水，不让人们替她们洗澡。不吃素食而要吃肉，吃时不用手拿，而是放在地上用牙齿撕开吃。每天午夜到清晨三点钟，她们像狼似的引颈长嚎。她们没有感情，只知道饥时觅食，饱则休息，很长时间内不对别人主动发生兴趣。不过她们很快学会了向辛格的妻子去要食物和水，如同家犬一样。只是在一年之后，当阿玛拉死的时候，人们看到卡玛拉"流了眼泪——两眼各流出一滴泪"。

据研究，七、八岁的卡玛拉刚被发现时，她只懂得一般6个月婴儿所懂得的事，花了很大气力都不能使她很快地适应人类的生活方式。2年后才会直立，6年后才艰难地学会独立行走，但快跑时还得四肢并用。直到死也未能真正学会讲话：4年内只学会6个词，听懂几句简单的话，7年时才学会45个词并勉强地学几句话。在最后的3年中，卡玛拉终于学会在晚上睡觉，她也怕黑暗了。很不幸，就在她开始朝人的生活习性迈进时，她死去了。据估计，卡玛拉死时已16岁左右，但她的智力只相当于三四岁的孩子！

此外，人们还发现过熊孩、豹孩、猴孩以及绵羊所哺育的小孩。他们也和狼孩一样，具有抚育过他们的野兽的那些生活习性。这些事实，证明了人类的知识和才能并非天赋的、生来就有的，而是人类社会实践的产物。人不是孤立的，而是高度社会化了的人，脱离了人类的社会环境，脱离了人类的集体生活就形成不了人所固有的特点。而人脑又是物质世界长期发展的产物，它本身不会自动产生意识，它的原材料来自客观外界，来自人们的社会实践。所以，倘若从小丧失了这种社会环境，人类特有的习性、智力和才能就发展不了，一如"狼孩"刚被发现时那样：有嘴不会说话，有脑不会思维，人和野兽的区别也毁灭了。

但是，在社会生活中，由于社会公共资源稀缺性的特征，也由于人类本性等方面的原因，在社会公共资源的分配中，始终存在着矛盾和冲突。这是人类政治生活固有的困境之所在。如何解决人类政治生活中的矛盾和冲突，如何使所有的人在社会生活中都能够各得其所，相得益彰，就成了人类美好政治生

第二章 洞悉人性——揭开人类的秘密

活的根本要义。

亚里士多德的老师柏拉图曾经描述过一个理想国的存在：

《理想国》是西方政治思想传统的最具代表性的作品，通过苏格拉底与他人的对话，给后人展现了一个完美优越的城邦。

柏拉图认为社会起源于经济需要，一个人与另一些人合作的目的是为了获得更多更好的生活必需品。相互帮助和合作的人聚集而居，"并把聚集的居所称为城邦"。社会的首要原则是分工原则，每个人按照自己的自然禀赋从事一门职业劳动。这样，社会劳动的技能和产品数量才能优于社会分工之前的情况。最初的职业是农夫、鞋匠、木匠、铁匠等满足日常生活需要的职业，后来又出现了适应奢侈生活需要的职业：乐师、诗人、护士等。

柏拉图把国家分为三个阶层：受过严格哲学教育的统治阶层、武士阶层、平民阶层。他鄙视个人幸福，强调城邦整体，强调他以为的"正义"。在柏拉图眼中，第三阶层的人民是低下的，可以欺骗的。他赋予了统治者无上的权力，甚至统治者"为了国家利益可以用撒谎来对付敌人或者公民"。

有趣的是，柏拉图认为最适合当王的正是哲学家。在他看来，哲学家的本质是具有知识，具有智慧、正义、善的美德，只有哲学家才能达到对国家最高理念的认识，即对"善"的把握，而其他人也只能把握"意见"而已。治国作为一门知识，也只有哲学家才能掌握它，进而有资格执政，也就是说只有哲学家才能达到对于国家理念的认识，知道"理想国"应该怎样组织、怎样治理。这样，所谓哲学家执政，就被柏拉图理解为高超的智慧、真实的知识、完美的德行和绝对最高权力的结合。他坚信只有哲学家才可拯救城邦和人民，哲学家是理想国必然的统治者。

人天生是政治的动物是从人的本性和自然需求来的。人出生后，由于个人力量的弱小无法满足自己生存的需要，因而要借助家庭。长大后，由于自己无法完成所有的生产，需要和他人交换，因而需要借助社会。为了保证自己的安全和维护自己的利益，人们需要借助政治。

选择自由：
不想做狗的狼

> 我们所遭的事在多大程度上由外界原因决定，我们相应地受到多大程度的奴役；我们有几分自决，便有几分自由。
>
> ——罗素《西方哲学史·斯宾诺莎》

歌德说："一个人只要宣称自己是自由的，就会同时感到他是受限制的。如果你敢于宣称自己是受限制的，你就会感到自己是自由的。"也就是说，任何事物都有一定的约束，没有一个事物是绝对自由的。

一个月光明朗的夜晚，饥饿的瘦狼遇到了养得肥肥的看家狗。狼很羡慕狗，想和它交朋友。

"你看上去怎么这么壮实？"狼问，"你肯定比我吃得好多了。"

"唉，如果你要吃我吃的东西，就得干我干的活。"狗说。

"什么活？"狼问。

"就是尽心尽职地给主人看家、防贼什么的。"

"我可以试试吗？"

狗一见狼愿意跟自己一样为主人效力，就领着狼匆匆向主人的宅第跑去。

它们在一起跑的时候，狼看到狗脖子上有一圈明显的伤疤。

"你的脖子是怎么搞的？"

"是平时铁链子套在脖子上勒的。"狗不经意地答道。

"链子？"狼吃惊了，"难道你平时不能自由自在地随意走动？"

"不能完全随我的意，"狗说，"主人怕我白天乱跑，因此把我拴起来。不过到了晚上，我还有一定的自由。重要的是我可以吃到主人吃不了的食物，主人非常地宠爱我……怎么啦，你怎么不走啦，你要到哪儿去？"狗一见狼正在离开它，急切地喊。

"我要回到树林里去，"狼回头说，"你吃你的美食去吧，我宁可吃得糟糕点，也不愿意让链子拴住脖子，失去了宝贵的自由。"狼说完一溜烟地跑了。

从狼和狗身上我们可以看出，约束和自由并非绝对的，而是相对的——狗吃食无忧，但会被拴起来；狼为食物烦恼，却又有着行动自由。

那么，面对舒适的生活环境和广阔的自由天地时，你会怎么选择？

从前有一个专门饲养龙的人，他研究龙的嗜好和愿望，侥幸地成功了。他得到了两条龙，就将它们饲养起来。

龙安心待在院中的小水塘里，以为江河湖海不足以供它游玩，觉得人喂它的食物很香甜，以为大海中巨大的鲸鱼也提不起它的胃口。龙高兴躺着就躺在那儿，喜欢活动就活动一下，很喜欢这个环境，不愿意到别的地方去。

这一天，有条野龙正好路过这里，被饲养的家龙高兴地和同类打招呼："你往哪儿去啊？冬天就要到了，还在无边的天地间到处遨游什么，快到洞穴中躲起来吧！你到处飘游不觉得很劳累吗？相比之下，还是我俩待在这儿清静安逸些。"

野龙笑着回答："你怎么狭隘到这种程度呢？大自然赋予我们健美的躯体，头顶峥嵘的龙角，身披闪闪的鳞甲，既能潜入深深的水底，又能飞腾于高高的天空，可以召唤漫天彩云，驱使万里长风，抑制如火的骄阳，滋润干枯的大地。我的视野能达到无边的宇宙之外，栖息在洪荒的旷野之中，走遍天涯海角，阅尽一切变化。这，不正是我最大的快乐吗？可是，现在你们这样窝囊地待在像马蹄印子一样大的水塘中，泥沙限制了行动自由，只有蚂蟥、蚯蚓之类的东西与你们做伴，求得一些残汤剩菜。这样，你们和我的形体虽然完全相同，乐趣却完全不一样！受人愚弄，被人豢养的你们呀，迟早会被人家掐住喉管，割食身上的肉。我准备向你们伸出救援之手，可你们怎么反来引诱我，想把我也引入到陷阱中去呢？看来，执迷不悟的你们是难逃这本来可以避免的灾难了。"

于是，那条野龙离开了。隔了不久，被豢养的家龙果然被人逮住，剁成块，成了餐桌上的佳肴。

家龙和野龙的不同价值观导致了不同的生存状态。家龙贪图安逸、仰人鼻息、不求进取，结果不仅丧失了本性，而且还被屠杀，归于毁灭。野龙虽飘浮不定、饱经艰辛，却无拘无束、挥洒自如，拥有广阔的天地，在奔波中获得了自由的乐趣和价值的扩张。裴多菲说："生命诚可贵，爱情价更高。若为自由故，二者皆可抛。"坚持自由的原则！

环境影响：
两只鸭子的变化

那么我们且设想心灵比如说是白纸，没有一切文字、不带任何观念；它何以装备上了这些东西呢？人的忙碌而广大无际的想象力几乎以无穷的样式在那张白纸上描绘了的庞大蓄积是从何处得来的？

——罗素《西方哲学史·洛克的认识论》

洛克在《人类理智研究》中提出了著名的"白板说"。在他看来，人的心灵如同一张白纸，一切知识和观念都从经验中来："我们的全部知识是建立在经验上面的；知识归根到底都是源于经验的……"正是基于"白板说"的理论，洛克特别注重环境的影响。他希望，通过对经验来源的优化来达到优化人本身的目的。这个观点与我国古代"孟母三迁"可谓是有着异曲同工之妙：

从前孟子小的时候，父亲早早地去世了。一开始，他和母亲住在墓地旁边。孟子就和邻居的小孩一起学着大人跪拜、哭嚎的样子，玩起办理丧事的游戏。孟子的母亲看到了，就皱起眉头："不行！我不能让我的孩子住在这里了！"孟子的妈妈就带着孟子搬到市集，靠近杀猪宰羊的地方去住。到了市集，孟子又和邻居的小孩，学起商人做生意和屠宰猪羊的事。孟子的妈妈知道了，又皱皱眉头："这个地方也不适合我的孩子居住！"于是，他们又搬家了。这一次，他们搬到了学校附近。每月夏历初一这个时候，官员到文庙，行礼跪拜，互相礼貌相待，孟子见了之后都学习记住。孟子的妈妈很满意地点着头说："这才是我儿子应该住的地方呀！"于是在这个地方定居了下来。

后来，大家就用"孟母三迁"来表示人应该要接近好的人、事、物，才能学习到好的习惯。这也说明了环境能改变一个人的爱好和习惯，也就是另一句古谚语："近朱者赤，近墨者黑"。

有两群鸭子，其中一群特别会下蛋，每天可以各下一只大大的蛋；而另外一群则非常懒，两天或三天才下一只普通大的蛋。这两群鸭子各自生活互不干扰，各有各的池塘和草地，各下各的蛋。在猴年马月鸡日，懒鸭子群当中的一只鸭子来到了勤奋鸭子群当中，这里的一切让它非常惊奇，鸭子们竞争下蛋的场面非常热烈，每只鸭子对下蛋都非常有激情，非常有积极主动性，恨不得生出一个吉尼斯纪录的鸭蛋来好让人刮目相看赞不绝口。这给新来的鸭子留下非常深的印象，于是它决定留下来，也决心像别的鸭子一样天天勤快地生蛋。一个月以后，它成功了。它每天也可以生下一个又大又白的鸭蛋来。

世界一天一天在变，但勤奋鸭子与懒惰鸭子们的生活没有改变。某年某月的某一天，勤奋鸭子群里的一只鸭子出来散步时不小心走失了，却意外碰上了那群懒鸭子。这里的鸭子对生活没有什么向往，不会去勤快地寻找食物，对下蛋也没有什么兴趣，如果吃得不好或者没找到食物就根本不下蛋，**懒懒散散**的，高兴的时候今天下一个蛋，不高兴时过几天才下一个蛋。所以这群鸭子的鸭蛋产量非常的低。看到这一切，那只勤奋鸭子心凉了，可是它一时还找不回原来的集体，于是它暂时留了下来，和这群懒鸭子们住在了一起。时间久了，这只勤奋的鸭子也就渐渐地习惯了它们的生活。可是一个月以后，曾经每天能下一个大鸭蛋的鸭子居然不会下蛋了。

这个故事告诉我们，如果在一个积极向上的群体里，受到周围的人感染，他也会努力勤奋起来，并且能做到自己的最好。成功的人或许成了这个群体的领导者，或者开创了他自己的新事业，是不可或缺的重要人物。但如果待在一个散漫懒惰的群体里，同样也会让一个优秀的人变成懒汉。如果他不能改变这个群体，那么就要被这个群体给同化。不容置疑，一个人所处的环境，终会影响其行为取向或处世态度：人可以影响这个世界，这个世界也可以塑造人。

改造自然：
孤岛上的鲁滨逊

培根哲学的全部基础是实用性的，就是借助科学发现与发明使人类能制驭自然力量。

——罗素《西方哲学史·弗兰西斯·培根》

我们常说，人是万物的灵长。人是高贵的，因为人有理性会思想——这同时也意味着人具有改变自然、征服自然的能力。人类的进化史向我们昭示了人与自然关系的变迁，人类从敬畏自然依赖自然转为认识自然、利用自然，为自然立法。

从前，有一个人叫鲁滨逊，是个英国人。他喜欢航海和冒险，到过世界上的很多地方，碰到过许多危险，但他一点儿也不畏惧，希望走遍天涯海角。

有一次，鲁滨逊乘船前往南美洲，途中遇上大风，船上的桅杆吹断了，船也翻了，同伴们都死在海里，只有他一个人被大浪冲到海岛边。这是一个无名的、没有人居住的荒岛，到处是乱石野草。他又冷又饿，流落到这种地方，怎样活下去呢？

第二天，太阳出来了，海面上也平静下来。等到潮水退了，鲁滨逊看到那翻了的船，有一半浮在海面上，离岸并不远。他就找了一些木头做成木筏，划到船边。在船舱里，鲁滨逊找到很多可以用、可以吃的东西，陆陆续续地搬到岸上，还带回没有淹死的一条狗、两只猫，这使他在凄凉中感到一丝安慰。更有趣的是他在破船里拾到许多钱，但钱在孤岛上又有什么用呢？现在首先需要一个容身的地方，以避日晒雨淋。鲁滨逊走遍荒岛，在山坡上选择了一块有水源、有树荫、又可以防野兽的地方，用木头和船帆搭起一座简陋的帐篷。那儿可以看到海面，他希望瞧见过往的船只，以便请求救援。

鲁滨逊在岛上定居下来，过着寂寞的生活。他没有更高的要求，但是破船上搬下来的食物很快吃光了，要想活下去，就得想办法。他每天拿着枪，带着狗到森林里去打猎，或到海边去捕鱼，并且把捕到的山羊畜养起来。后来他竟有了成群的山羊，可以常喝羊奶，吃羊肉。搬来的东西里，有一些麦子，他把它们撒到围墙里，不久长出了嫩芽，后来结出了十几个穗子。他用这点儿麦种反复种收，到了第四年，终于吃到了自己种的粮食。

十八年过去了。有一天，鲁滨逊忽然发现海边沙滩上有人的脚印，他恐惧万分，猜想这一定是附近陆地上的野人留下来的。他担心这些野人会来吃掉他，于是在住所前的空地上插下杨柳桩子，又将羊群分成几个地方圈养。他在这种不安的心情下又生活了两年。后来，鲁滨逊再一次看到野人留下的生火的痕迹和满地的人骨，这使他联想到他们野蛮的宴会。鲁滨逊在恐惧之中开始考虑怎样对付这可能出现的野人。他在荒岛上生活了二十六年之后，终于看到三十多个野人乘着小木船上岸了。他们拖出两个倒霉的同伴，杀了其中一个人，另一个则挣扎着逃跑。他逃的方向正是鲁滨逊住所的方向。鲁滨逊决心救下这个逃跑的人，于是他开枪打死了追赶的两个野人。鲁滨逊给他救下的野人取名为"星期五"。他开始教导"星期五"，"星期五"很快成为他的好帮手，并渐渐学会了说话。他们愉快地生活在岛上，扩大了粮食种植面积，又增加了几个羊圈，晒了更多的葡萄干。他差不多淡忘了要回到英国、回到文明社会去。

有一天清晨，鲁滨逊被"星期五"喊醒，原来有一艘英国船只在附近停泊着。他发现这艘船上发生了哗变，水手们绑架了船长。鲁滨逊和"星期五"救出了船长，船长愉快地答应带他们回英国去。鲁滨逊乘这艘船在海上航行半年后，终于回到了英国。

鲁滨逊能在一个荒无人烟的孤岛上独自生存二十八年，靠的就是他的智慧和劳动：假如他不去劳动，那么他只有被食人族吃掉的可能；假如他没有知识，那么他只有在荒岛上病死的可能。他依靠智慧，自己种起了庄稼，圈养起了家畜，最后成功地改造了岛上的生存环境，让自己生活得相对富足。

智利北部有一个叫丘恩贡果的小村子。这里西临太平洋，北靠阿塔卡玛沙漠，形成了多雾的气候。可浓雾丝毫无益于这片干涸的土地，长期以来，这里没有一点生机。

加拿大一位名叫罗伯特的物理学家在进行环球考察时，经过这片荒凉之地。在这里，他有一个重要发现——这里处处蛛网密布，说明蜘蛛在这里四处繁衍，生活得很好。为什么蜘蛛能在如此干旱的环境里生存下来呢？罗伯特把目光锁定在这些蜘蛛网上。借助显微镜，他发现这些蜘蛛网具有很强的亲水性，极易吸收雾气中的水分。而这些水分，正是蜘蛛能在这里生生不息的源泉。

人类为什么不能像蜘蛛织网那样截雾取水呢？在智利政府的支持下，罗伯特研制出一种人造纤维网，选择当地雾气最浓的地段排成网阵，这样，穿行其间的雾气被反复拦截，形成大量水滴，这些水滴滴到网下的流槽里，经过过滤、净化，就成了新的水源，当地干旱的难题也就从此得以破解。

罗伯特从蜘蛛网中汲取灵感，找到了取水的方法，破解了当地的干旱难题。这表明人可以在认识自然的规律下存在和发展，并且，人具有自己的能力，能改造自然，为自己服务。同时，由于人的思想和技术的进步，人来为自然确立法则成为一种可能甚至是必然。

不过，人为自然立法只是一方面，我们也不能忽视了人是自然的产物这一事实。所以，我们要热爱自然。只有爱护自然，保护生态平衡，自然才会赐福于我们。

第 三 章
认识自我：当好自己的工匠

积极去想：
你是神的孩子

上帝是善，并是他自身的善；他是万善之善，他是智慧的，而他的智慧的行动是他的本质。他以自己的本质进行理解，并且全面地理解他自己。

——罗素《西方哲学史·圣托马斯·阿奎那》

很多人认为，认识自我就是认识自己的缺点。认识自己的缺点这种行为是好的，我们可以加以改进。但如果仅认识自己的消极面而不能自拔，就会陷入混乱，使自己变得自卑。

有一位老师，常常教导他的学生说：人贵有自知之明，做人就要做一个自知的人。唯有自知，方能知人。有个学生就问老师："请问老师，您是否知道您自己呢？"

"是啊，我究竟知道不知道我自己呢？"老师想，"嗯，回去后一定要好好观察、思考、了解一下自己的个性，感触一下自己的心灵。"

回到家后，老师拿出一面镜子，仔细观察自己的相貌、表情，然后再来分析自己的个性。首先，他看到了自己亮闪闪的秃顶；接着，他看到了自己鹰钩般的鼻子；然后，他看到自己具有一张大长脸；他又发现自己个子矮小；最后，他发现自己有一双外八字撇脚。于是，他陷入了无法自拔的悲伤之中！

他的友人听说了这件事，却哈哈大笑地说到："世界大文豪莎士比亚就有个亮闪闪的秃顶；英国大侦探福尔摩斯——世界级的聪明大师就有一个漂亮的鹰钩鼻；中国古代大文学家苏轼就有一张大长脸；鲁迅个子矮小，却是文学泰斗；电影大师卓别林也有一双撇脚。这样看来，你还集中了古今中外大部分名人伟人的特点呢！"

用积极的心态看待自己的缺点，发现那些优良的特质，利用这些优良的特质来成就人生！

从前，一位牧师和他的妻子在田纳西的乡村游历。他们在一家餐厅吃晚餐。一位男士走进餐厅，所有的人看来都认识他，他从一张桌子走到另一张桌子，和每个人打招呼，人们看来都很高兴得到他的问候。

这个人在牧师的桌子前停下来，当他了解到牧师的职业后，他坐下来讲述他神奇的经历：

在我小时候，我在离这个餐厅不远的地方长大。我母亲生我的时候还没有结婚，在田纳西的小镇里，这引起了好多闲话和愤怒，人们粗鲁地对待我的母亲，取笑她和孤立她。

我小时候，也受到了同样的对待。我在学校被奚落和孤立，我没有朋友，因此，当我长大的时候，变得越来越孤僻。

当我差不多12岁的时候，有一天，一位新的牧师来到了镇上。人们说他是一个很有天分的牧师，他的传道十分精彩，他们对他的评价非常高，我忍不住去看看他。

一个星期接一个星期，我都会到教堂听这位很棒的牧师传道。然而，我总是在传道结束前离开。我进去的时候，可以听到人们窃窃私语，我知道他们在想："这家伙来教堂做什么？"我不想让他们有机会面对我说这样的话。

有一个星期，牧师的传道十分精彩和吸引人，以至我忘记了提前离开。突然，传道结束了。我感到惊讶和恐惧的是，牧师直接走向我的座位，对我说话。

"你是谁的儿子？"他问。

整个人群一下子像结了冰一样，教堂突然像坟墓一样寂静。我很尴尬，只能望着自己的脚，我甚至不能呼吸。

牧师马上感觉到犯了一个错误，他毫不犹豫地笑了起来，挺了挺腰，用响亮和平静的声音对所有的人宣布：

"噢，我认得你，那么相像，绝对没有错，你是神的孩子。他一定非常为你骄傲！"

说到故事的结尾，那个人的声音有点哽咽。但是他深深地呼吸一下，以这句话结束：

"那一天改变了我的一生，他给了我如此大的自信。我后来因此而成了成功的从政者。"

然后，那个人离开，走向门口，一路上和人们拍肩膀和握手。

在结账的时候，牧师问服务生，认不认识那位刚离开的友善的人。"当然。每个人都认识本·华特·呼伯啊，它是田纳西州长。"

这是不是一个精彩的故事呢？它展示了认可和积极想法的力量。一旦呼伯改变了自己的思维，他就改变了自己的命运。他不再因为自己是私生子而看不起自己，他开始告诉自己，他和周围的人一样好，因为他是神的孩子。这样简单的、戏剧性的改变，使一个遭遗弃的人走进了州长的府邸。

有句格言说：人在心中怎样想，他就是怎样的人。当我们在生活中丢却自我设限的思考习惯，自然而然地，我们对生活的看法与实际体悟，也将全然改观。因此，大家可以换个角度去检查自己的学习方法，只要认真、努力，你总会找到一把属于自己的并能打开前程之门的钥匙。这就如中国有位心理学家说的：我们这个时代最伟大的发现，就是人们能够通过改变他们的想法，而改变生命的环境，改变他们生活的方式，改变他们体验生活的方式。

悦纳自己：
发现自身的宝藏

他应该有适当的骄傲，并且不应该把自己的优点估价过低。

——罗素《西方哲学史·亚里士多德的伦理学》

 　　对自我的认识不能停留在表面，要全面、清晰地分析自己，既要看到自己的不足，也要看到自己的长处，这样才能保持清醒的头脑，扬长避短，取得成功。

 　　古时候有个叫张三的解差，押送一名生性狡猾的花匠服役，途中解差为避免出现闪失，就每天早晨把所有重要的东西全部清点一遍。他先摸摸包袱，自言自语地说："包袱在。"又摸摸押解花匠的官府文书，告诉自己说："文书在。"然后他再摸摸花匠的光头和系在花匠身上的绳子，又说："花匠在。"最后他摸摸自己的脑袋说："我也在。"

 　　张三跟花匠在路上走了好几天了，每天早晨都这样清点一遍，不缺什么才放心上路，没有一天漏掉过。花匠对张三的一举一动都看在眼里。一天，花匠灵机一动，想出了一个逃跑的好办法。

 　　一天晚上，他们俩照例在一家客栈里住了下来。吃晚饭的时候，花匠一个劲地给张三劝酒："长官，多喝几杯，没有关系的。顶多再有一两天，我们就该到了。您回去以后，因为押送我有功，一定会被提拔，这不是值得庆贺的事吗？不是值得多喝几杯吗？"张三听得心花怒放，喝了一杯又一杯，慢慢地，手脚不听使唤了，最后终于酩酊大醉，躺在床上鼾声如雷。

花匠赶快去找了一把剃刀来，三两下把张三的头发剃得干干净净，又解下自己身上的绳子系在张三身上，然后就连夜逃跑了。

第二天早晨，张三酒醒了，他迷迷糊糊地睁开眼睛，就开始例行公事地清点。他先摸摸包袱说："包袱在"。又摸摸文书说："文书在"。"花匠……咳，花匠呢？"张三大惊失色。忽然，他瞅见面前的一面镜子，看见了自己的光头，再摸摸身上系的绳子，就高兴了："嗯，花匠在。"不过，他马上又迷惑不解了："花匠在，那么我跑哪儿去了？"

在这个故事中，张三是一个不能认清自我的典型，他甚至迷失了自我，自我在他脑袋里只是一个模糊的印象，摸摸自己的脑袋，自我便在；摸摸光头，自己却没有了。

"不识庐山真面目，只缘身在此山中。"从某种意义上讲，认识自我比认识客观现实更为困难，因此，知人者智，自知者明。不能认清自我，就很容易迷失自己，不能对自己做出客观准确的评价，就很难发现自身的优点和缺点，以致阻碍自己的发展。

因此，有人说，人如果能够正确地看待自己，就取得了成功的一半："如果你认定自己是块陋石，那么你可能永远只是一块陋石；如果你坚信自己是一块无价的宝石，那么你就是无价的宝石。"

有一次，智者和一个偶遇的青年男子结伴同行。天黑了，那个男子邀请智者去他们家过夜，对他说："天色已晚，不如在我家过夜，明日一早再行赶路？"

智者道谢，与他一同来到了他家。半夜时分，智者听见有人蹑手蹑脚地来到了他的屋子里，智者大喝一声："谁！"

那人被吓得跪在了地上，智者揭去他脸上蒙着的黑布一看，原来是白天和自己同行的青年男子。

"怎么是你？哦，我知道了，原来你留我过夜是为了这个！我一个隐士能有几个钱？你要干就应该去干大买卖！"

那男子说："原来是同道中人！你能教我怎么去干大买卖吗？"他的态度是那么恳切，那么虔诚。

智者看他这样，便对他说："可惜呀！你放着终生享用不尽的东西不去学，却来做这样的小买卖。这种终生享用不尽的东西，你想要吗？"

　　"这种终生享用不尽的东西放在哪里？"

　　智者突然紧紧抓住男子的衣襟，厉声喝道："它就在你的怀里，你却不知道，身怀宝藏却自甘堕落，枉费了父母给你的身子啊！"

　　其实，你自己本身就是一个取之不尽、用之不竭的宝藏，何必总把眼睛放到别的地方？这个故事告诉我们，在失败或者不如意的时候，人们往往怨天尤人，觉得世道不公。真实的情况并非如此，人们之所以有此种烦恼，是因为他们不能正确认识自己，忽略了自身力量的缘故。

　　当你认为自己一无所有的时候，你还有一个高贵的灵魂，这个灵魂是你最忠实的朋友，只要你需要它，相信它，它就不会离你而去。

谦逊做人：
花开从不吵人

情感若是由不适当的观念产生的，叫"炽情"。

——罗素《西方哲学史·斯宾诺莎》

在现实生活中，我们很容易产生一种不适当的观念——佩服自己。一个人如果不能消除傲慢的心理，就不能摆脱"自我"的困惑，也就容易产生其他各种各样的烦恼，甚至闹出各种各样的笑话。

汉朝的时候，在西南方有个名叫夜郎的小国家，它虽然是一个独立的国家，可是国土很小，百姓也少，物产更是少得可怜。但是由于邻近地区以夜郎这个国家最大，因此从没离开过国家的夜郎国国王就以为自己统治的国家是全天下最大的国家。

有一天，夜郎国国王与部下巡视国境的时候，他指着前方问："这里哪个国家最大呀？"部下们为了迎合国王的心意，于是就说："当然是夜郎国最大咯！"走着走着，国王又抬起头来，望着前方的高山问："天底下还有比这座山更高的山吗？"部下们回答："天底下没有比这座山更高的山了。"后来，他们来到河边，国王又说："我认为这是世界上最长的河川了。"部下们仍然异口同声回答说："大王说得一点都没错。"从此以后，无知的国王就更相信夜郎是天底下最大的国家。

有一次，汉朝派使者来到夜郎，途中先经过夜郎的邻国滇国，滇王问使者："汉朝和我的国家比起来哪个大？"使者一听吓了一跳，他没想到这个小国家，竟然无知地自以为能与汉朝相比。更没有想到的是，使者到了夜郎国，骄傲又无知的国王因为不知道自己统治的国家只和汉朝的一个县差不多大，竟然不知天高地厚也问使者："汉朝和我的国家哪个大？"

所谓："浅薄无能的人，比谁都自高自大，他总把自己当成世界上最了不起的人；就像只有一点点汁液的果实，才会干瘪地高挂在枝头。"我们不要因为自己取得了小小的成绩就不可一世，其实处处皆学问，你所知道的，仅仅是九牛一毛、大海里的一滴水而已。下面故事中的小沙弥就是一个喜欢张扬的例子。

寺院里接纳了一个年方16岁的流浪儿，不久法师发现这个小沙弥的弱点——心浮气躁，喜欢张扬，骄傲自满。例如，他刚学会几个字，就拿着毛笔满院画；再如，他一旦领悟了某个禅理，就一遍遍地向法师和其他僧侣们炫耀。

为了改变他的不良行为和作风，法师想了一个用来启发、点化他的非常美丽的教案。这一天，法师把一盆含苞待放的夜来香给这位小沙弥，让他在值更的时候，注意观察一下花卉的生长状况。

第二天一早，没等法师找他，他就欣喜若狂地抱着那盆花一路招摇地跑来了，当着众僧的面大声对法师说："您送给我的这盆花太奇妙了！它晚上开放，清香四溢，美不胜收，可是，一到早晨，它又收敛了它的香花芳蕊……"

法师就用一种特别温和的语气问小沙弥："它晚上开花的时候，吵你了吗？"

"没有。"小沙弥高高兴兴地说，"它的开放和闭合都是静悄悄的，哪能吵我呢？"

"哦，原来是这样啊。"法师以一种特殊的口吻说，"老衲还以为花开的时候吵闹着炫耀一番呢。"

小沙弥愣了一阵之后，脸"刷"地就红了："弟子领教了，弟子一定痛改前非！"

深沉的人就像花朵，开放时吐露芬芳，收敛时安静无声。山深愈幽，水深愈静，真正有学问有道行的人，真正成功和芬芳的人生，无须张扬和炫耀。

当一个人站得越高，看得越远，就会发现自己很无知、很渺小，就像牛顿说自己比别人看得更远些是因为站在巨人肩膀上，就像居里夫人说自己很平凡。

树立目标：
比金子贵的东西

目标是要达到那种庞大的伟大性的能力。

——罗素《西方哲学史·尼采》

你若说服自己，告诉自己可以办到某件事，假使这事是可能的，你便办得到，不论它有多艰难。相反的，你若认为连最简单的事也无能为力，你就不可能办得到，而鼹鼠丘对你而言，也变成不可攀的高山。

在非洲的一片茂密的丛林中，走着四个皮包骨头的男子，他们扛着一只沉重的箱子，在密林里踉踉跄跄地往前走。他们跟随队长进入丛林探险，可是，队长却在任务即将完成时患急病而不幸长眠于林中了。临终前，队长把他亲自制作的箱子托付给他们，并十分诚恳地说："如果你们能把这个箱子送到我的朋友手里，你们将得到比金子还贵重的东西。"

埋葬了队长以后，他们便扛着箱子上路了。道路越来越难走，他们的力气也越来越小了，但他们仍然鼓着劲往前走着。

终于有一天，绿色的屏障突然拉开，他们历经千辛万苦之后终于走出了丛林，找到了队长的朋友。可是那个朋友却说："我一无所知啊！"于是，打开箱子一看，竟是一堆无用的木头。

在这个故事中，看起来，队长给他们的只是一箱无用的木头。其实，他却给了他们行动的目的，使他们获得了"比金子还贵重的东西"——生命。从哲学角度上讲，人和其他动物的不同之处，就在于人具有高级思维能力。所以人不能像其他动物一样浑浑噩噩地活着，人的行动必须有明确的目的和奋斗的目标。

有一次，在高尔夫球场，罗曼·V·皮尔在草地边缘把球打进了杂草区。有一个青年刚好在那里清扫落叶，就和他一块儿找球，那时，那青年很犹豫地说：

"皮尔先生，我想找个时间向你请教。"

"什么时候呢？"皮尔问道。

"哦！什么时候都可以。"他似乎颇为意外。

"像你这样说，你是永远没有机会的。这样吧，30分钟后在第18洞见面谈吧！"皮尔说。30分钟后他们在树荫下坐下，皮尔先问他的名字，然后说："现在告诉我，你有什么事要同我商量？"

"我也说不上来，只是想做一些事情。"

"能够具体地说出你想做的事情吗？"皮尔问。

"我自己也不太清楚。我很想做和现在不同的事，但是不知道做什么才好。"青年显得很困惑。

"那么，你准备什么时候实现那个还不能确定的目标呢？"皮尔又问。

青年对这个问题似乎既困惑又激动，他说："我不知道。我的意思是有一天，有一天想做某件事情。"于是皮尔问他喜欢什么事。他想一会儿，说想不出有什么特别喜欢的事。

"原来如此，你想做某些事，但不知道做什么好，也不确定要在什么时候去做。更不知道自己最擅长或喜欢的事是什么。"

听皮尔这样说，他有些不情愿地点头说："我真是个没有用的人。"

"哪里。你只不过是没有把自己的想法加以整理，或缺乏整体构想而已。你人很聪明，性格又好，又有上进心。有上进心才会促使你想做些什么。我很喜欢你，也信任你。"

皮尔建议他花两星期的时间考虑自己的将来，并明确决定自己的目标，不妨用最简单的文字将它写下来。然后估计何时能顺利实现，得出结论后就写在卡片上，再来找自己。

两个星期以后，那个青年显得有些迫不及待，至少精神上看来像完全变了一个人似的在皮尔面前出现。这次他带来明确而完整的构想，已经掌握了自己的目标，那就是要成为他现在工作的高尔夫球场经理。现任经理5年后退休，所以他把达到目标的日期定在5年后。

他在这5年的时间里确实学会了担任经理必备的学识和领导能力。所以经理的职务一旦空缺，没有一个人是他的竞争对手。最后，他理所当然当上了经理。

又过了几年，他的地位依然十分重要，成了公司不可缺少的人物。他根据自己任职的高尔夫球场的人事变动决定未来的目标。现在他过得十分幸福，非常满意自己的人生。

其实这个青年的际遇绝不是个例，他可能就是你、就是我，是许多想要努力却没有方向的人。因此，我们也应该像他那样，先静下来想想自己想要的究竟是什么，树立了目标才能全力以赴！

没有目标的人生就像没有方向的航船，只能在海上漫无目的地漂泊。关于人生和价值，黑格尔有一个著名的论断，他说："目标有价值，人生才有价值。"为了掌握自己的人生，先要明确你的有价值的目标，找到努力的方向，再立即采取行动，不断努力提高自己的能力，促进自己的成长，就能获得满意的人生。

合适最好：
换位的虎兄弟

> 适当认识个人环境的人，他的行动作风就英明得当，遇到对旁
> 人来说算是不幸的事，他甚至仍会快乐。
>
> ——罗素《西方哲学史·斯宾诺莎》

一个人要全面认识自己，既要看到自己的优点和长处，又要看到自己的缺点和不足，同时，对自我的认识还要与自我的实际情况相符合。

在一个山林里，住着一对亲兄弟——两只老虎，它们在山林里过着相依为命的日子。饿了，它们一起追赶猎物；渴了，它们就喝山上的泉水；困了，它们便睡在山崖下的山洞里。日子就这样一天一天地过着。可是有一天，它们在追赶猎物时，虎弟弟掉进了猎人的陷阱被送到动物园，从此，虎弟弟过上了三餐无忧的生活。

过了些日子，虎哥哥非常想虎弟弟，就从山林里来到了热闹的城市，偷偷地来到动物园看弟弟，虎哥哥看到虎弟弟住在宽敞干净的笼子里，吃着香喷喷的鸡肉，还喝着牛奶，虎哥哥真是羡慕得不得了，对弟弟说："弟弟我还以为你在这里受苦呢？没想到你在这里享福呢！"弟弟说："哥哥我在这里虽然有吃有喝，可是，一点自由也没有了。还是以前住在山林里好，哥哥你现在怎么样？"哥哥叹了口气说："山林里的猎物越来越少，经常饿肚子，还是你这里好啊！"弟弟说："哥，还是咱家好，那里有很多的伙伴和我们一起玩，哪像这，连一个朋友都没有，整天待在笼子里。"虎哥哥说："那咱们俩换一换

第二章 认识自我——当好自己的工匠

吧！""行"虎弟弟高兴地跳了起来。

于是，虎哥哥住进动物园，虎弟弟回到大自然。

虎哥哥住进动物园后，整天除了吃喝，就是睡觉，慢慢的身体越来越胖，最后得心脏病死了。

虎弟弟回到山林里后，高兴地四处游荡，直到肚子饿了，才想起来去找食物吃。虎弟弟看到一只梅花鹿在草地上吃草，就向梅花鹿扑去，可是由于虎弟弟长时间在笼子里失去了捕捉能力，追了半天也没追到梅花鹿，就这样，一连几天虎弟弟都没捕捉到食物，饿得连走路的力气都没有，最后饿倒在地上。

在故事中，两只老虎互相交换了已经习惯了的生活方式，却因为对新生活不适应而丧失了性命。一只是饥饿而死，一只是忧郁而死。从笼子中走出的老虎获得了自由，却没有同时获得捕食的本领；走进笼子的老虎获得了安逸，却没有获得在狭小空间生活的心境。下面的故事也体现了这个道理。

《韩诗外传》载，戴晋生是个很有才学的人，平日里与朋友们一起或作诗写字，或品评国事，总表现出不凡的思想与见地，很受朋友们尊重。

魏王听说了戴晋生的非凡才干，很渴望见到戴晋生，于是吩咐下属将戴晋生请来。戴晋生来到魏王宫中，魏王一看，此人虽衣着寒酸却相貌不凡，在魏王面前站着，神态自若，毫无谦卑之态。魏王笑着请戴晋生坐，和他亲切交谈。谈话间，魏王觉得戴晋生果然满腹经纶，是经国济世之才，于是产生了要留戴晋生在宫中做官的想法。

魏王说："请先生留在宫中，我封你为上大夫，怎么样？"

戴晋生一听，笑了笑说："实在对不起，我对做官不感兴趣。"

魏王说："你出来做官，身为上大夫，出入有气派，家人生活富裕，不比你现在的境况好得多吗？"

戴晋生依然笑笑，摆摆手，起身告辞了魏王。

回家后，朋友们知道了这件事，很不理解：戴晋生为什么放着这好的事不干。他的妻子也埋怨他不该拒绝魏王。面对朋友们和家人的劝说，戴晋生还是一笑了之。

过了几天，戴晋生去见魏王，依然穿着那身破旧的衣服。

魏王见他那副模样，对他说："前几天，我那样诚恳地请你留下，赐你上大夫的优裕地位和俸禄你都不肯留下来，今天怎么又来拜访我呢？"

戴晋生笑了笑，不无遗憾地说："看起来，真是不值得和您往来呀，原本我还打算把您作为朋友交往的，可是您对我太不了解。您见过那沼泽荒地中的野鸡吗？它没有人用现成的食物喂养，全靠自己辛勤觅食，总要走好几步才能啄到一口食，常常是用整天的劳动才能吃饱肚子。可是，它的羽毛却长得十分丰满，光泽闪亮，能和天上的日月相辉映；它奋翅飞翔，引吭长鸣，那叫声弥漫在整个荒野和山岭。您说，为什么会这样呢？因为野鸡能按自己的意志自由自在地生活，它不停地活动，无拘无束地来往在广阔的天地之中。现在如果把它捉回家，喂养在粮仓里，它不费力气就能吃得饱饱的。但是它必然会失去原来的朝气与活力，羽毛会失去原有的光润，精神衰退，垂头丧气，叫声也不雄壮了。"

"您知道这是什么原因吗？是不是喂给它的食物不好呢？当然不是。只是因为它失去了往日的自由，禁锢了它的志趣，它怎么会有生气呢！"

戴晋生正是知道自己渴望自由，想要的是一种无拘无束的生活，所以才能拒绝别人眼中的荣华富贵。他安心地享受自己的生活，享受自己的幸福，是个真正懂得快乐之道的人。

合适的才是最好的。许多时候，人们往往对自己的幸福熟视无睹，而觉得别人的幸福很耀眼。想不到，别人的幸福也许并不适合自己；更想不到，别人的幸福也许正是自己的坟墓。这个世界多姿多彩，每个人都有属于自己的位置，有自己的生活方式，有自己的幸福，何必去羡慕别人？

相信自己：
不要自我设限

> "一块大理石是一座潜在的雕像"，这就是说，"一块大理石里经过适当的加工就可以产生出来一座雕像"。
>
> ——罗素《西方哲学史·亚里士多德的形而上学》

我们心中唯一的限制，是我们为自己设置的那个界线。其实，高度并非无法超越，宽度并非无法到达，只是我们无法说服自己而已——没有人束缚我们，是我们自己束缚了自己。

唐代大诗人李白，幼年时便读那些经书、史书，那些书都十分深奥，他一时读不懂，便觉得枯燥无味，于是他丢下书，逃学出去玩。他一边闲游闲逛，一边东瞧西看。他看见一位老妈妈坐在磨刀石上的矮凳上，手里拿着一根粗大的铁棒子，在磨刀石上一下一下地磨着，神情专注，以至于李白在她跟前蹲下她都没有察觉。

李白不知道老妈妈在干什么，便好奇地问："老妈妈，您这是在做什么呀？"

"磨针。"老妈妈头也没抬，简单地回答了李白，依然认真地磨着手里的铁棒。

"磨针？"李白觉得很不明白，老妈妈手里磨着的明明是一根粗铁棒，怎么是针呢？李白忍不住又问："老妈妈，针是非常非常细小的，而您磨的是一根粗大的铁棒呀！"

老妈妈边磨边说："我正是要把这根铁棒磨成细小的针。""什么？"

李白有些意想不到，他脱口又问道："这么粗大的铁棒能磨成针吗？"

这时候，老妈妈才抬起头来，慈祥地望望小李白，说："是的，铁棒子又粗又大，要把它磨成针是很困难的。可是我每天不停地磨呀磨，总有一天，我会把它磨成针的。孩子，只要功夫下得深，铁棒也能磨成针呀！"幼年的李白是个悟性很高的孩子，他听了老妈妈的话，一下子明白了许多，心想："对呀！做事情只要有恒心，天天坚持去做，什么事都能做成的。读书也是这样，虽然有不懂的地方，但只要坚持多读，天天读，总会读懂的。"

想到这里，李白深感惭愧，脸都发烧了。于是他拔腿便往家跑，重新回到书房，翻开原来读不懂的书，继续读起来。

那些晦涩难懂的文章未必就如猛虎，只是李白心生畏惧，不愿学习而已。但是经过老妈妈的指点，李白懂得了"只要功夫深，铁杵磨成针"的道理，最后终于成了名垂千古的大诗人。

还有这样一个例子：在印度的一个贫民窟里，有一对很不幸的小兄弟。他们的母亲在他们很小的时候就去世了，而他们的父亲整日不是吸毒，就是喝得烂醉如泥，根本不管兄弟俩的死活。后来，为了筹集毒资，父亲因偷盗进了监狱。

父亲进监狱后，兄弟俩为了生存，就去捡垃圾。开始，他们只是捡一些别人吃剩的东西来填饱肚子，后来才学着捡一些废品，拿去卖。

每当卖垃圾得到一点儿钱后，哥哥不是跑去餐馆吃喝一顿，就是跑到地下赌场赌一把。弟弟则十分珍惜这来之不易的钱，把能省的每一分钱都存起来做学费。

由于哥哥长期在赌场厮混，喝酒、斗殴、吸毒，天天跟着一帮小混混偷摸扒抢，干尽坏事。弟弟则发奋读书，他白天去学校听课，晚上就到餐馆、酒店打工，并且还学着写文章。

十多年后，哥哥因抢劫、吸毒等多项罪名进了监狱。而弟弟却成了当地知名的作家。

有一家报社的记者到监狱去采访哥哥。记者看着神情沮丧的他，问道：

"你觉得是什么原因使你沦落到今天这个地步？"

哥哥十分肯定地说："苦难！儿时的苦难就像一块沉重的石头，重重地压在我的心上，让我抬不起头。"

采访完哥哥，记者又去采访弟弟。记者问道："你哥哥说是因为生活中的苦难才进了监狱，你觉得是什么原因让你取得了今天这样的成就？"

弟弟十分肯定地说："儿时的苦难。" 记者不解地问道："你们从小一起长大，儿时的苦难都是一样的，为什么你哥哥成了罪犯，而你却成了令人敬仰的作家？"弟弟说："儿时的苦难，就像一块沉重的石头压在我们心上。不同的是，哥哥始终把这块石头压在自己的心上，所以他就觉得看不到蓝天。而我却一直把这块石头踩在脚下，苦难则成了我人生向上的一个个台阶。"

同样是从困苦中过来，哥哥因为始终把苦难压在自己的心头，最后沦落成了罪犯，而弟弟却把苦难当成一种磨砺，所以成了令人敬仰的作家，这不正是"有限制的，是人心"这句话的写照吗？

人有时候就是这样。很多人都不敢追求成功，不敢追求幸福，不是他们追求不到，而是因为他们心里认为他们追求不到。他们在自己心里默认了一个"高度"，然后一遍遍暗示自己：成功是不可能的，这是没有办法做到的，我的生活注定是要一生卑微的。其实，这种"心理高度"，才是人无法取得成就的根本原因之一。只有打破这种心理上的限制，我们才能超越，才能迈向更好的自己，赢得更好的未来。

活出自我：
阮籍的真性情

"各物只要它是自在的，都努力保持自己的存在。"

——罗素《西方哲学史·斯宾诺莎》

平时人们总是喜欢将自己的生活安排得很满，在热闹与喧嚣、华丽与铺张中，逐渐忘了自己所真正需要和追求的。而古人在这一点上，往往比我们看得更为清楚，他们深深知道自己想做一个什么样的人，所以能够展现出自己的真性情，从而活出了真正的自我。其中，是典型的例子就是我国三国时的阮籍。

阮籍一向蔑视礼教。一次，他嫂子要回娘家，按照礼数，男女有别，他不得去送行，可阮籍不仅为嫂子饯行，还特地送她上路。一些道学家对此指指点点，阮籍满不在乎地说："孔孟礼教，与我何干？"还有一次，他听说隔壁有一未嫁之女因病夭折，竟也不顾世人议论，跑到灵前大哭一场，尽哀而还。一天，阮籍和友人在下棋，忽然有人来报其母去世，友人知其事母至孝，力劝他速速回家，阮籍则坚持下完棋，然后饮酒三斗放声大哭并吐血。母亲去世，他并不特别安排丧事，友人裴楷前来吊唁，却只见阮籍醉卧在地，裴楷依礼教跪地哭悼，哭完就走，也并不在乎阮籍对他的不理睬。阮籍常用白眼对付礼俗之辈，用青眼接待知音。嵇康的哥哥嵇喜前来吊唁，阮籍翻着白眼，致使嵇喜不快而去。嵇康知道后，由于了解阮籍的性情，就干脆提着酒坛挟着琴去看他，阮籍果然高兴。阮籍在服丧期间，依然无视礼法，我行我素，参加司马文王的宴会，喝酒作乐。

阮籍曾到山东的东平游玩过。一日，他漫不经心地对司马昭说很喜欢那里的风土人情，司马昭立即让他到东平做官。阮籍骑着毛驴到了东平衙门，发现办公之地全由层层的墙壁隔开，官员彼此不便沟通，办事效率极低。阮籍于是下令拆了所有墙壁，办公环境一下大为改观，宽敞明亮，官员也不再敢偷懒，效率大增。做完这一切后，阮籍在东平逗留十来天后，就骑着驴儿回到洛阳。拆墙办公是阮籍一生唯一一次在官场上做的实事，李白曾作诗称赞道："阮籍为太守，乘驴上东平。判竹十余日，一朝化风清。"

司马昭一直想拉拢阮籍，有人就给他出了个主意，与阮籍联姻，司马昭觉得此计甚妙，就派人到阮籍家提亲，要娶他的女儿为媳。阮籍很清楚司马昭的用意，他根本就不想结这门亲，但又不能得罪司马昭，于是，他就拿出了绝招——"醉酒"。他开始每天拼命地喝酒，每天都是酩酊大罪，不省人事，一连60天，天天如此，那个奉命前来提亲的人根本就没法向他开口。最后，只好回禀司马昭，司马昭无可奈何地说："唉，算了，这个醉鬼，由他去吧！"

阮籍嗜烈酒、善弹琴，喝酒弹琴往往复长啸，即吹口哨。据《世说新语·栖逸》记载：阮籍吹的口哨可以传几百步远。一次，阮籍去拜访苏门山中的一位真人，他对着真人谈天说地，激扬文字，可真人却似听而不闻，一声不响，连眼珠子都不动一下。阮籍无奈，就干脆对着真人吹起了口哨，这下真人开了尊口："请再来一次。"阮籍再次长啸，然后就下山了。到了半山腰，山谷中忽然回荡起优美的啸声，阮籍抬头望去，原来是真人在长啸不已，幽妙和谐。受到真人啸声的感染，阮籍写出了著名的《大人先生传》。于是，继阮籍后，吹口哨便在士族青年中流行起来。

阮籍以冷眼看待这个世界，不戚戚于贫贱，不汲汲于富贵。他就像绽放在幽幽山谷中的一枚兰花，清雅淡丽，不以无人而不芳，不以穷困而改节。他的一生都为了自己真实地活着，不伪装，不做作。

人生并不都是做数学题，一步一步都是为了论证出那个幸福的正确答案。我们通向幸福的道路也并非一种，但只有内心抛却了俗世那些名利欲望的厚重外壳，我们才能回归生活本来的朴素面目。心所安，人生所乐。

第四章
反思万物：对立统一的矛盾

运动与静止：
太阳每天都是新的

> 万物都处于流变状态的这种学说是赫拉克利特最有名的见解，而且按照柏拉图在《泰阿泰德》其中所描写的，也是他的弟子们所最强调的见解："你不能两次踏进同一条河流；因为新的水不断地流过你的身旁。""太阳每天都是新的。"
>
> ——罗素《西方哲学史·赫拉克利特》

世界是不断变化的，我们每天都面临着一个崭新的世界。太阳每天都会升起，但今天的太阳还是昨天的太阳吗？哲学努力地为人的存在寻求一种超越我们本身之外的确定感，然而，变化却是每个哲学家都无法回避的话题。

古希腊哲学家赫拉克利特非常强调变化的观点，他有一句非常有名的话："人不能两次踏入同一条河流"。他的意思是，世界是永恒变化着的，运动是绝对的，即"一切皆流，无物常住"。他说："除了变化，我别无所见。不要让你们自己受骗！如果你们相信在生成和消逝之海上看到了某块坚固的陆地，那也只是因为你们的目光太仓促，而不是事物的本质。你们使用事物的名称，仿佛它们有一种执拗的持续性，然而，甚至你们第二次踏进的河流也不是第一次踏进的那同一条河流了。"

但是后来，赫拉克利特的一个学生克拉底鲁把他的观点绝对化、教条化，提出了一个极端观点："人一次也不能踏入同一条河流。"认为当我们踏入"这条"河流的时候，它已经不是刚才我们看到的"那条"了。如果按照这个逻辑的话，世界上不会有确定性质的事物了，整个世界将成为混沌一团。我们既不能认识事物，也不能解说一个事物是什么了。因为，当我们还没有说完"这是一张饼"时，饼已经变成其他东西了；当我们把饼吃到肚子里的时候，它又变成了另外的东西。因此，克拉底鲁主张用动手指代替说话，因为一开口就过时了。这显然是荒谬的。

赫拉克利特说"人不能两次踏入同一条河流"是强调运动具有绝对性，一切都存在，同时又不存在，因为一切都在流动，都在不断地变化，不断地产生和消灭。而克拉底鲁说"人一次也不能踏入同一条河流"，就割裂了运动和静止之间的关系。物质世界处于永恒的运动之中，但绝对运动的物质有相对静止的一面。如果连相对静止都否认了，那么这个世界就没有什么是可以认识的了。

关于克拉底鲁的错误还有一个小故事讲的更直白：有一个人外出忘了带钱，便向邻居借。过了一段时间，这个人不还钱，邻居便向他讨债。这个人狡辩说："一切皆变，一切皆流，现在的我，已不是当初借钱的我。"邻居发了脾气，一怒之下就挥手打了他，赖账人要去告状，这位邻居对他说："你去吧，一切皆变，一切皆流，现在的我，已不是当初打你的我了。"赖账人无言以对，只好干瞪眼。

赫拉克利特强调运动变化，但并没有否定静止。在他的思想中，运动是绝对的，静止是相对的。赫拉克利特认为世界的本源是火，这是万物的本性；但是火的形态是不停变化的，表现着不同的形式。这就告诉我们要看到事物静止的一面，也要看到运动的一面。恩格斯高度评价了他的这个思想："这个原始的、朴素的但实质上正确的世界观。"列宁也称他为"辩证法的奠基人之一"。

从赫拉克利特的思想中，我们可以学习到，凡事总是在变化的，我们不能沉湎于过去的回忆中，无论是幸福也好，苦痛也罢，一切过去的都过去了，重要的，是要过好现在的每一天。

执着追求：
流变之中有永恒

> 近代的自由神学又信仰着在天上也有进步，神性也有演化。但是即使在这种观念里也有着某种永恒的东西，即进步的本身及其内在的目标。
>
> ——罗素《西方哲学史·赫拉克利特》

虽然说，"人不能两次踏入同一条河流"，"太阳每天都是新的"，但是"追求一种永恒的东西乃是引人研究哲学的最根深蒂固的本能之一"。

康德的一生几乎都没离开过他出生的地方。1724年，康德出生于东普鲁士哥尼斯堡，1740年，进入哥尼斯堡大学哲学系学习，毕业后在一个贵族家庭担任了9年家庭教师。1755年，康德担任了哥尼斯堡大学讲师，后被提升为教授、校长，一直在哥尼斯堡大学任教，于1797年退休。直至他去世，他到过的最远的地方仅仅是离哥尼斯堡50公里的一个城市。

在平常人看来康德的生活非常准时，甚至显得过于呆板和枯燥。康德日常生活安排十分有规律，就像时钟一样准确。据说，无论冬夏，5点差一刻，他会准时起床。起床后，喝一杯茶，吸一袋烟，康德就外出讲学，或者开始哲学思考和创作。

下午3点，康德按时出门散步，散步的路线是固定的。因为康德的许多哲学思想都是在这条路上产生的，这条道也被称为"哲学大道"。他散步时闭口不言，只用鼻子呼吸，据说他认为在路上张开嘴不卫生；有人戏说他"心胸狭窄"，因为他胸部凹陷，胸腔狭小，但他却拥有广阔的精神天空；他就像精确的钟表一样守时，风雨无阻，市民们在满怀敬意与他打招呼时，他总是趁机校正自己的钟表。只有一次，邻居们没有准时看到他的出现，都为他担心，当时他沉浸在卢梭的《爱弥尔》中，以至于忘了时间，忘了自己，不过，在数十年间，这是他唯一一次没有准时出现。

康德终生未娶。康德有过想娶妻的冲动，一次当他还在盘算自己的财产时，就被人捷足先登。另一次则是偶然邂逅了一位来哥尼斯堡旅游的年轻女子，当他还在对是否求婚进行哲学论证的时候，这位女子离开了哥尼斯堡，从此芳踪难觅，只能不了了之。海涅对此评价说："康德的生平履历很难描写，因为他既没有生活过，也没有经历过什么。"之后，康德就没有与任何女性有过密切接触。对此，康德曾经自嘲地说："未婚的老年男人往往比已婚的男人更能保持年轻的风貌。已婚男人那饱经风霜的脸上，画着的不是一只负重的老牛吗？"

对于康德的影响，德国诗人海涅评价道："德国被康德引入了哲学的道路，因而哲学变成了一份民族的事业。一群出色的大思想家突然出现在德国的国土上，就像用魔法呼唤出来的一样。"海涅所言没有丝毫的夸张。康德所开创的德国古典哲学，发动了哲学上的"哥白尼革命"，他是任何哲学史都不能不提及的伟大哲学天才。康德取得的举世瞩目的成就，是因为他对于哲学的喜爱与执着："有两种东西，我对它们的思考越是深沉和持久，它们在我心灵中唤起的惊奇和敬畏就越会日新月异，不断增长，这就是我头上的星空和心中的道德定律。"

正如康德所说，是他对"头上的星空和心中的道德定律"的追求和他对思考的执着才成就了自己。所以，面对这时刻变化的世界，我们要坚定理想，以持久不变的毅力去面对困难，只有这样，我们才能成就更优秀的自己。这样，我们短暂的生命也就取得了某种永恒——永远在进步！

第四章 反思万物——对立统一的矛盾

知识与谬误：
地心说和日心说

此外，纵使没有一种假说可以完全证实，但是如果发现在使每种假说都能自圆其说并且能符合已知事实时所能包含的东西，这里面也就有着一种真正的知识了。

——罗素《西方哲学史·赫拉克利特》

人类生存在这个世界上，但对这个世界的认识却是极为有限的，就是在这些极为有限的认识上，许多认识最早还都是错误的。不过，这些认识在发展的过程中，每个阶段却也包含着当时社会所能达到的最高知识。

地心说是世界上第一个行星体系模型。它的起源很早，最初由古希腊学者欧多克斯提出，经亚里士多德完善，又让托勒密进一步发展成为"地心说"。

托勒密认为，宇宙是一个有限的球体，分为天地两层，地球位于宇宙中心，所以日月围绕地球运行，物体总是落向地面。地球之外有9个等距天层，由里到外的排列次序是：月球天、水星天、金星天、太阳天、火星天、木星天、土星天、恒星天和原动力天，此外空无一物。上帝推动了恒星天层，才带动了所有天层的运动。人类居住的地球，则静静地屹立在宇宙中心。

托勒密的理论能初步地解释从地球上所看到的现象，但是在文艺复兴时期，随着科学技术的进步，一些支持日心说的证据逐渐出现，且有些证据无法以地心说解释，地心说逐渐处于下风。16世纪，哥白尼在持日心地动观的古希腊先辈和同时代学者的基础上，终于创立了"日心说"。从此，地心说便逐渐被淘汰了。

约在1515年前，哥白尼为阐述自己关于天体运动学说的基本思想撰写了一篇题为《浅说》的论文，他认为天体运动必须满足以下七点：不存在一个所有天体轨道或天体的共同的中心；地球只是引力中心和月球轨道的中心，并不是宇宙的中心；所有天体都绕太阳运转，宇宙的中心在太阳附近；地球到太阳的距离同天穹高度之比是微不足道的；在天空中看到的任何运动，都是地球运动引起的；在空中看到的太阳运动的一切现象，都不是它本身运动产生的，而是地球运动引起的，地球同时进行着几种运动；行星向前和向后运动，是由于地球运动引起的。地球的运动足以解释人们在空中见到的各种现象了。此外，哥白尼还描述了太阳、月球、三颗外行星（土星、木星和火星）和两颗内行星（金星、水星）的视运动。书中，哥白尼批判了托勒密的理论，科学地阐明了天体运行的现象，推翻了长期以来居于统治地位的地心说，并从根本上否定了基督教关于上帝创造一切的谬论，从而实现了天文学中的根本变革。

不过，日心说在证明地球是围绕太阳转的同时，也有错误：首先，太阳并非宇宙中心，而是太阳系的中心。第二，地球并非是引力的中心。第三，天空中看到的任何运动，不全是地球运动引起的。第四，地球和其他行星的运行轨道是椭圆而不是圆，不做圆周运动。但是，作为近代自然科学的奠基人，哥白尼的历史功绩是伟大的。他确认地球不是宇宙的中心，而是行星之一，从而掀起了一场天文学上根本性的革命，是人类探求客观真理道路上的里程碑。哥白尼的伟大成就，不仅铺平了通向近代天文学的道路，而且开创了整个自然界科学向前迈进的新时代。

从这里我们可以看出，不管现在看来地心说有多么离谱，日心说有多么不完善，在这些学说盛行的年代，它们的确为当时的生产实践做出过贡献，而且这些贡献的意义还往往非同一般。以此为鉴，我们要懂得尊重知识，从中汲取值得我们学习的道理与精神。

相对真理：
永远追不上乌龟

> 有两件事必须牢记：即，一个人的见解与理论只要是值得研究的，那么就可以假定这个人具有某些智慧；但是同时，大概也并没有人在任何一个题目上达到过完全的最后的真理。
>
> ——罗素《西方哲学史·赫拉克利特》

人生在世，财富、地位皆可追求，但真正决定我们生存价值的，是我们如何评价思想的力量。不过，如帕斯卡所说："人只是一根会思考的芦苇"，我们的思想只是主观的、任意的、偶然的，而并不是实质本身，并不是真实的和现实的东西。也就是说，我们的精神世界和现实生活中的世界，始终存在着差异。所以，如果把我们的思想，我们对世界的认识，我们对客观事物及其规律的正确认识叫作真理的话，那真理就只能是一个不断发展的过程，只能是相对真理，而绝对真理只能是一个极限，相对真理向其无限接近。

这就有点像芝诺悖论中，善跑的阿基里斯却永远也赶不上乌龟：

阿基里斯是古希腊神话中善跑的英雄，传说他的速度可以和豹子相比。在他和乌龟的竞赛中，他的速度为乌龟的10倍，乌龟在前面100米跑，他在后面追，但他不可能追上乌龟。因为在竞赛中，追者首先必须到达被追者的出发点，当阿基里斯追到100米时，乌龟已经又向前爬了10米，于是，一个新的起点产生了；阿基里斯必须继续追，而当他追到乌龟爬的这10米时，乌龟又已经向前爬了1米，阿基里斯只能再追向那个1米。就这样，乌龟会制造出无穷个起点，它总能在起点与自己之间制造出一个距离，不管这个距离有多小，但只要乌龟不停地奋力向前爬，阿基里斯就永远也追不上乌龟！

乌龟这动得最慢的物体不会被动得最快的物体追上，是由于追赶者首先应该达到被追者出发点，此时被追者已经往前走了一段距离。因此被追者总是在追赶者前面。

中国古人也有相似的例子来表述这个"悖论"，即著名的"一尺之锤，日取其半，万世不竭。"这个句子出自《庄子·天下篇》，是由庄子提出的。

一尺长的木头，今天取其一半，明天取其一半的一半，后天再取其一半的一半的一半，如是"日取其半"，总有一半留下，所以"万世不竭"。简单地说，每次取一半的话，第一次是1/2，第二次是原长的1/4，第三次是原长的1/8……分子永远是1，分母都是平方数，到最终分母会很大，但毕竟不是零，所以说"万世不竭"。一尺之锤是一有限的物体，但它可以无限的分割下去。

这些结论在实践中是不存在的，但是在逻辑上却无可挑剔。芝诺甚至认为："不可能有从一地到另一地的运动，因为如果有这样的运动，就会有'完善的无限'，而这是不可能的。"如果阿基里斯事实上追上了乌龟，那么，"这是一种不合逻辑的现象，因而绝不是真理，而仅仅只是一种欺骗"。这就是说感官没有逻辑可靠。他认为："穷尽无限是绝对不可能的"。芝诺悖论设计运动学、认识论、数学和逻辑学问题，在历史上引起了长久的思索，至今仍保持着理论上的魅力。

真理也如同阿里斯基一样，是需要发展的。关于同一对象的真理只能有一个，但对这一真理我们不可能一下子认识到，只能有近似的描述。这就像阿里斯基只能无限接近乌龟这一事实，却永远也追赶不上它一样。

辩证看问题：
"反者道之动"

对立的力量可以造成和谐，正如弓之与琴一样。

——罗素《西方哲学史·赫拉克利特》

　　老子，是我国古代伟大的哲学家和思想家、道家学派创始人，他被女皇武则天封为太上老君。老子被认为是中国古代最聪明而又神秘的哲人。相传其晚年乘青牛西去，在函谷关写成了五千言的《道德经》，其作品的精华是朴素的辩证法，典型表述便是"反者道之动"。

　　通行本《老子》第四十章说："反者道之动，弱者道之用。"意思是说，向相反的方向转化，是"道"运动的规律，而柔弱则是"道"的作用。老子看到和揭示出诸如长短、高下、美丑、难易、有无、前后、祸福、刚柔、损益、强弱、大小、生死、智愚、胜败、巧拙、轻重、进退、攻守、荣辱等一系列矛盾，认为这些矛盾都是对立统一的，任何一方面都不能孤立存在，而需相互依存、互为前提，即"有无相生，难易相成，长短相形，高下相倾，音声相和，前后相随"。在事物的对立统一中，他还比较深刻地认识到矛盾的双方可以相互转化，指出"祸兮福之所倚，福兮祸之所伏"，"正复为奇，善复为妖"，把事物都包含有向相反方向转化的规律，概括为"反者道之动"。

　　关于这个辩证法，最著名的例子便是塞翁失马了。

　　战国时期有一位老人，名叫塞翁。他养了许多马，一天马群中忽然有一匹走失了。邻居们听到这事，都来安慰他不必太着急，年龄大了，多注意身体。

塞翁见有人劝慰，笑笑说："丢了一匹马损失不大，没准还会带来福气。"

邻居听了塞翁的话，心里觉得好笑。马丢了，明明是件坏事，他却认为也许是好事，显然是自我安慰。可是过了没几天，丢的马不仅自动回家，还带回一匹骏马。

邻居听说马自己回来了，非常佩服塞翁的预见，向塞翁道贺说："还是您老有远见，马不仅没有丢，还带回一匹好马，真是福气呀。"

塞翁听了邻人的祝贺，反倒一点高兴的样子都没有，忧虑地说："白白得了一匹好马，不一定是什么福气，也许惹出什么麻烦来。"

邻居们以为他故作姿态纯属老年人的狡猾，心里明明高兴，有意不说出来。

塞翁有个独生子，非常喜欢骑马。他发现带回来的那匹马身长蹄大，嘶鸣嘹亮，一看就知道是匹好马。他每天都骑马出游，心中洋洋得意。

一天，他高兴得有些过火，打马飞奔，一个趔趄，从马背上跌下来，摔断了腿。邻居听说，纷纷来慰问。

塞翁说："没什么，腿摔断了却保住性命，或许是福气呢。"邻居们觉得他又在胡言乱语。他们想不出，摔断腿会带来什么福气。

不久，匈奴兵大举入侵，青年人都被征入伍，塞翁的儿子因为摔断了腿，不能去当兵。入伍的青年都战死了，唯有塞翁的儿子保全了性命。

老子"反者道之动"的命题对中国哲学中辩证思想的发展有重大影响，启迪了《易传》《淮南子》等书的作者和韩非、扬雄、张载、程颐、王夫之等人的辩证法思想。通常所说的"物极必反"，就是对"反者道之动"思想的通俗表述。

与"反者道之动"有类似意思的，还有一个成语"失之东隅，收之桑榆"。

南朝宋·范晔《后汉书·卷十七·冯异传第七》："玺书劳异曰：'赤眉破平，士吏劳苦，始虽垂翅回溪，终能奋翼黾池，可谓失之东隅，收之桑榆。方论功赏，以答大勋。'"

　　这段话讲的是，东汉刘秀即位为光武帝后，派大将冯异率军西征，平定赤眉军。赤眉佯败，在回溪之地大破冯军。冯异败回营寨后，重召散兵，复使人混入赤眉，然后内外夹攻，在崤底之地大破赤眉。事后，汉光武帝刘秀下诏奖之，谓冯异初虽在回溪失利，但终能在渑池获胜。可谓在此先有所失，后在彼终有所得，当论功行赏，以表战功。

　　冯异起初虽然失利，但最终却赢得了战争，这可谓是在某处先有所失，在另一处终有所得。后来，"失之东隅，收之桑榆"还常用来比喻在某一面有所失败，但在另一面有所成就。所以，不要因为一时的失败而气馁，要知道，失败乃成功之母，只要有勇气和毅力，你最终肯定能获得成功。

矛盾统一：
肯定即是否定

> 特殊的事物永远具有相反的特性：美的事物在某些方面也是丑
> 的；正义的事物在某些方面也是不正义的，等等。
>
> ——罗素《西方哲学史·理念论》

"肯定即否定"表面上看起来是个自相矛盾的命题，表达"赞同"的肯定和表达"不赞同"的否定，怎么能说的是一个意思呢？然而，这确实是法国近代哲学家斯宾诺莎的名言。而表达这同类思想的哲学家还不在少数。

斯宾诺莎曾经把无限性比做一个圆环。因为一个线段当它构成封闭的圆圈时，是既无起点也无终点的，因而在质上是无限的（尽管它在量上是有限的）。而其他任何一种开放区间的线段，无论在量上可以延展多么长，但在质上总是受到起点和终点的规定，因而是有限的（正是在同样的意义上，黑格尔把"绝对理念"也比做圆圈）。

斯宾诺莎通过这一思辨的命题告诉我们，真正完满的东西是不能被规定的，因为一旦被规定，就排除了成为其他东西的可能性，也就不再完满了。他的这一思想确实深刻，不仅揭示了肯定和否定之间的辩证关系，而且还在一定意义上暴露出了人的认识和语言的局限性。一方面，我们认识一个事物其实是通过否定他者来实现的。一个东西之所以成为它自己，正是因为它不是其他东西。"张三"之所以是"张三"，是因为他不是"李四"、不是"王五"……，同样，我们一旦对"张三"做出了某些具体的规定，也就意味着他不是"李四"、不是"王五"……所以说，肯定就是否定，否定就是限制，反过来说也成立，否定其实也是一种肯定。

这种思想同中国古代思想家老子的思想有着异曲同工之妙。老子在《道德经》中说："道可道，非常道；名可名，非常名。"大致意思也是如此：如果"道"能够被说出来，也就不是真正的"道"了，因为语言已经给了它某些限制；如果一个"概念"能够被描述出来，也就不是真正的"名"了，因为在描述的过程中已经有了某些规定。所以说，语言和认识根本无法让我们把握最高、最完善的东西，它让我们失去了很多想象的空间。也正是在这个意义上，中国古代的诗词一旦被翻译成外语，其中的意境就荡然无存了。

对所有东西的否定才是对其的肯定。说到真理，有时要从肯定上去认识，但有时也可从否定上去认识。也就是说，一切事物本身就是矛盾的，事物内部各个对立面之间既互相依赖而又互相排斥，我们可以从正面去看它，也可以从反面去认识它。所以，我们在看待问题时，要从多个角度进行分析，只有这样，我们才会尽可能全面地掌握它。

万物皆异:
独一无二的树叶

单子没有两个是恰恰相同的。

——罗素《西方哲学史·莱布尼茨》

赫拉克利特强调万物皆处于流变之中，而近代德国哲学家莱布尼茨则强调万物皆异。在他看来，天地间每件事物都是独特的，没有任何两个彼此完全相同的东西。

莱布尼茨可以说是举世罕见的天才，出生于德国的他几乎研究了当时人类所了解的一切领域，力学、逻辑学、化学、地理学、解剖学、动物学、植物学、气体学、航海学、地质学、语言学、法学、哲学、历史、外交，等等。他甚至还尝试创造一些自己的小发明，而他最重要的成就可能就是发明了微积分，为近代数学带来了革命性的变化。他还是最早研究中国文化和中国哲学的德国人，对丰富人类的科学知识宝库做出了不可磨灭的贡献。莱布尼茨被称为自然科学家、数学家、物理学家、历史学家和哲学家，也正是由于上述这些因素，使莱布尼茨的哲学显得卓尔不群。他不但涉猎范围十分广泛，而且他得出的一些结论也十分惊人。

莱布尼茨的博学使他名噪一时，当时的德国贵族都非常希望结交这样一位学术之星。据说，莱布尼茨曾经当过"宫廷顾问"。有一次，皇帝让他解释一下哲学问题，莱布尼茨对皇帝说，任何事物都有共性。皇帝不信，叫宫女们去御花园找来一堆树叶，莱布尼茨果然从这些树叶里面找到了它们的共同点，皇帝很佩服。这时，莱布尼茨又说："凡物莫不相异"，"天地间没有两个彼此完全相同的东西"。宫女们听了这番话后，再次纷纷走入御花园去寻找两片完全没有区别的树叶，想以此推翻这位哲学家的论断。结果大失所望，因为粗粗看来，树上的叶子好像都一样，但仔细一比较，却是形态各异，都有其特殊性。宫女们累弯了腰，也没能找到两片大小、颜色、厚薄等完全相同的树叶。

这个故事揭示了世界统一性和多样性关系的原理。这个原理告诉我们，统一的物质世界以多种多样的形式存在和发展。组成物质世界的丰富多彩的不同个体各有其特殊性，但事物和事物之间又有着普遍的联系，存在着许多共性。世界的统一性和多样性是有机的统一，不可割裂。所以，我们处理问题时，可以借鉴我们的知识储备中有关类似情况的处理方法，但也要从实际出发，具体问题具体分析，不要盲目随从。

同时，莱布尼茨还给我们展示了自然界的神奇；对于我们人类来说，又何尝不是如此呢？我们每一个人都是一个独立的个体，又都是一个独特的个体，因为没有任何其他的人和你完全一样。因此，我们要珍惜自己的生命，活出自己的精彩，因为，我们是独一无二的！

看待事物：
透过现象看本质

> 一件事物的"本质"看来就是指"它的那样一些性质，这些性质一经变化就不能不丧失事物自身的同一性"。
>
> ——罗素《西方哲学史·亚里士多德的逻辑》

　　我们每天接收到的信息都来源于周围世界，来源于他人。而这些信息只有经过我们的处理，才能变成有用的信息。

　　信息传递的失误以及我们分析处理的错误都会导致一些误会产生。在《吕氏春秋》里面有这样一个故事证明了这一点。

　　孔子周游列国被围困在陈国的时候，竟然接连七天都没吃成饭，饿得头晕，只好大白天也躺到床上去睡觉。后来，颜回好不容易弄回来一点米煮了一顿饭。当饭快煮好的时候，孔子恰好从外边走了进来，看见他最得意的弟子颜回正在抓甑子里头的饭吃。

　　一会儿饭煮好了，颜回去拜见孔子，并且献上饭。孔子假装没有看见刚才颜回抓饭吃的行为，站起来说："我今天梦见了父亲，要用这些干净的饭来祭他。"颜回说："不行，刚才煤渣掉进了甑子里头，扔掉这些带有煤渣的饭不吉利，我就抓来吃了。这些饭并不干净。"孔子听了，感叹地说："所信者目也，而目犹不可信；所恃者心也，而心犹不足恃。弟子记之，知人故不易矣。"

　　俗话说，耳听为虚，眼见为实。这个故事告诉我们，我们看到的也不一定是真实的。孔子亲眼看到颜回从甑子里抓米饭吃，因此断定颜回是在偷吃，对他不敬，而怀疑颜回的品行，当颜回解释后，他才发现原来是个误会。所以，他才感叹知人不易。

但是有时候，一些事情的发生，也并不像你看到的那样简单，或者不像你看到的那样复杂。一本心理学的书籍上有这样一个故事，是该书作者的亲身经历。

有一天，作者正在一家超市购物，突然，他看到一个女孩跑过来，边跑边向后看，一路尖叫着："放开他，放开我爸爸，你会杀死我爸爸的！"

作者不知道发生了什么事情，于是顺着女孩跑过来的方向看去，他看到了可怕的一幕：一名男子躺倒在地上，满地是血；而另一个大块头男人正骑在他身上，这个大块头男人看起来有些疯狂，好像是在用手卡身下那个男人的喉咙。

作者当时的反应就是尽快把超市经理叫来，于是，他冲进经理室，快速地跟经理说明了这里的情况。

当经理和他一起跑回凶案现场的时候，警察也赶到了。这个时候，人们才弄清楚怎么回事。原来，躺在地上的家伙喝醉了酒，自己跌倒在地上，磕破了头，流了不少血不说，而且还在极力地自残。在他身上的那位高大男子，见到这种情况，马上上前去阻止他进一步自我伤害，那只看似卡住醉酒者喉咙的手其实是在帮助他松开领口。

后来，这个作者说，如果不是再一次返回现场了解到事情的真相，也许他会在法庭上作证，说自己目睹了一场凶杀案。

很多事情，我们并不能在一段时间内判断它的真假，我们看到的、听到的只是表面的现象，无法透过现象看到背后真实的本质。因此，我们不能轻易相信各种外来的信息。我们要透过现象看本质。这一点在寓言《九方皋相马》中体现了出来。

伯乐是善于识别马的大师。但是，他老了，体力已渐渐不支。

一天，秦穆公对伯乐说："你的年纪大了，你的子孙中有可以派得出去寻找千里马的人吗？"

伯乐说："一匹好马，可以从它的体形、外貌和骨架上看出来。而要找天下特殊的千里马，好像没有固定的标准，没法子用言语来表达。像这样的马奔驰起来，脚步非常轻盈，蹄子不扬起灰尘，速度非常快，一闪而过，好像看不到身影。我的儿子都是些下等的人才，他们能够说出什么是好马，却不能识别什么是千里马。我有个打柴卖菜的朋友叫九方皋，他相马的能力不在我之下。请让我把他推荐给您吧。"

穆公召见了九方皋，派他出去寻找千里马。三个月以后，九方皋回来报告说："已经找到了，在沙丘那个地方。"

穆公连忙问："是什么样的马？"

九方皋回答说："是黄色的母马。"

派人去把马牵来，却是黑色的公马。穆公很不高兴，把伯乐叫来说："糟糕透了！你推荐的找马的人，连马的颜色和雌雄都搞不清楚，又怎么能识别哪是天下的千里马呢？"

伯乐感慨地赞叹说："九方皋相马竟达到了这种地步，这正是他之所以比我高明的原因呀。九方皋所看到的，那正是天机啊！他注重观察的是精神，而忽略了它的表象；注意它内在的品质，而忽视了它的颜色和雌雄；只看见了他所需要看的而忽视了他所不必要看的；只观察到他所需要观察的而忽视了他所不必要观察的。像他这样相出的马，才是比一般的好马更珍贵的千里马啊！"

最后，马牵来了，果然是天下少有的千里马。

这个故事告诉我们，要善于透过现象看本质，只有这样，我们才能抓住事物的核心，有针对性地处理好问题。不过，现象又有真相与假象之分，假象并不是本质的表现，反而能掩盖事物的本身。所以，认识了事物的现象，还不能说是认识了事物的本质和规律。在复杂的现象中，我们还要把真相和假象区分开来，进而揭露假象所掩盖的本质，这需要下一番辩证思考的工夫。

审时度势：
一切从实际出发

"人的思维是否具有客观的真理性，这并不是一个理论的问题，而是一个实践的问题。"

——罗素《西方哲学史·卡尔·马克思》

一个人关于某事某物的看法是否正确，并不是通过辩论就可以证明的，这需要到现实生活中去检验。而且，世事处于流变之中，此时关于某事的正确想法，换了一个环境，彼时可能就是错误的。因此，做事情要讲究一切从实际出发。

从前，有一个秀才，他有一个傻儿子。有一天，朋友要来拜访他，为了显示自己的才能，他决定让儿子招待客人，还特意交给他几句话：如果客人问你咱们家的桃树怎么没了，你就说让我砍了卖了；如果他问咱们家的篱笆为什么这么乱，你就说兵荒马乱糟蹋了；如果他问咱们家钱怎么这么多，你就说爹妈辛苦挣的；如果他问你怎么这样聪明，你就说那当然，我们家世代如此。

于是，儿子去招待客人。客人问：你的父亲呢？儿子答道：让我砍了卖了！客人很惊讶，接着问：你母亲呢？儿子回答：兵荒马乱糟蹋了！又问：你们家门前的牛粪怎么这么多呀？儿子骄傲地说：爹妈辛辛苦苦挣的！客人生气地问：你怎么这样说？儿子得意地说：那当然，我们家世代如此！

辩证唯物主义认为，物质决定意识，意识是物质的反映。这就要求人们想问题办事情应该一切从实际出发，使主观符合客观。这个秀才为了显示自己的才能，忽视傻儿子低智力水平，主观传授待客之道，违背客观实际，从而在待客过程中笑话百出。

不过下面这个故事与之相比，就显得更加可悲：

从前有个有钱人家，家有十几间房子。一天，他家忽然失火，火势很快蔓延到房顶，如不赶快抢救，全部家产就会被烧光。可是家里没有梯子，不能上房救火。他就让儿子去好友王大人家里借梯子。

他儿子是个读书人，人称书呆子。这书呆子爱面子，又喜欢讲客套。今天，他仍和往常一样对着镜子，把衣帽穿戴得整整齐齐，才大摇大摆地迈着八字步朝王大人家走去。到了那里，他轻轻地敲开门，连作三个揖，然后登堂入室，文质彬彬地坐到客位上，一声不吭。王大人看他这种架势，以为他是来做客的，忙吩咐摆酒设宴，热情招待他。

宴席上，他很有礼貌地站起来，和主人频频碰杯，还给厨师们敬了几盅酒。酒喝足了，他才说：老天爷给我家降下大祸，突然发生火灾，听说您家里有架梯子，我想借去用一用，用完立即归还，不知可不可以？王大人一听，急得跺着脚说："那你为什么不早讲呢？"他挺有理地说：不能忘了礼节呀！等他扛着梯子赶到家里的时候，他家的房子早就烧光啦。

这个书呆子办事情不从实际出发，处理问题呆板教条，不知道对具体情况要具体分析，不善于灵活变通，把一些抽象的定义、原则视作不能更改、变化的教条，束缚自己，从而给实际工作和生活带来了严重的危害。以下的故事就表现了这种危害的严重性。

鲁国的施氏有两个儿子，其中一个爱好学术，另一个爱好兵法。爱好学术的儿子用文学之道去求得齐侯任用，齐侯接纳了他，让他做诸位公子的老师。爱好兵法的儿子到了楚国，用以武强国的方法向楚王求职，楚王非常喜欢他，让他担任军正之职，他们的俸禄让他们家里发了财，他们的爵位使亲族显耀。

施氏的邻居孟氏，同样有两个儿子，他们所学的也和施氏的儿子相同，但却被贫困的生活弄得非常窘迫，对施家的富有很羡慕，因此便跟随施氏请

第四章　反思万物——对立统一的矛盾

· 85 ·

教升官发财的窍门。施氏的两个儿子把实情告诉了孟氏。孟氏的儿子便一个跑到秦国去，以学术去向秦王寻求官职，秦王说："如今各诸侯国靠武力争霸，他们所努力从事的是练兵和聚粮罢了。如果用仁义道德来治理我们的国家，这无异于亡国之道。"结果将他处以宫刑，驱逐出境。孟氏的另一个儿子跑到卫国，用兵法来求得卫侯任用，卫侯说："我的国家是个弱小的国家，而又夹在大国中间。对于大国，我们只有侍奉它，小国家我们则安抚它，这才是求得平安的策略。如果依靠用兵的权谋，灭亡的日子也就不远了。如果让你好好地回去，你跑到别的国家去，对我的后患可不小。"于是将孟氏的这个儿子砍了脚再送回鲁国。

孟氏的两个儿子回来后，孟氏父子都跑到施氏家里捶着胸来责骂施氏。

施氏说："凡事抓住了时机便会发达，错过机会便会招致灭亡。你们的学业和我们相同，但结果大不一样，这是因为你们运用不合时宜，不是你们的行为有什么错误。况且天下的事理没有总是这样的，也没有总不是这样的。以前采用的东西，现在有的已经抛弃了；现在丢弃的东西，后世可能又会加以使用。这种用与不用，是没有一定的。抓住时机，见机行事，灵活地处理问题，才算聪明。如果你智力不够，即使像孔丘那样渊博，像吕尚那样富有谋术，又怎么能不处处碰壁呢？"

孟氏父子听了，心情开朗，消除了怒气，说："我们懂了，你不必再讲了。"

这些故事告诉我们，做事情要懂得抓住时机，见机行事，灵活地处理问题，才算聪明；要以条件、时间、地点为转移，不能生搬别人的经验。如果不能审时度势，只是机械地照搬现成的方法，结果必定事与愿违。

第 五 章
透视挫折：在逆境中好成长

直面错误：
向鸭嘴兽道歉

> 如果你们以为你们用杀人的办法就能防止别人谴责你们的罪恶
> 生活，那你们就错了；那是一种既不可能而又不荣誉的逃避办法，
> 最容易最高贵的办法并不是不让别人说话，而是要改正你们自己。
>
> ——罗素《西方哲学史·苏格拉底》

古语有云：人非圣贤，孰能无过？人生在世，难免会犯这样那样的错误，而人一生所可能犯的最大错误是，因为怕犯错而不敢尝试。

有一位著名的生物学权威教授拉塞特，看到生物学的著述都错误百出，于是教授宣称他决定出版一本内容绝无错误的生物学巨著。

经过一段时间，在众人引颈期待中拉塞特教授的生物学巨著终于出版了，书名叫作《夏威夷毒蛇图鉴》。许多钻研生物学的人，迫不及待地想一睹这本号称"内容绝无错误"的生物学巨著。但每个拿到这本新书的人，在翻开书页的时候，都不禁为之一怔，每个人几乎不约而同地急忙翻遍全书。而看完整本书后，每个人的感觉也全都相同，脸上的表情亦是同样的惊愕。原来整本的《夏威夷毒蛇图鉴》，除了封面几个大标题的大字之外，内页全部是空白。也就是说，整本《夏威夷毒蛇图鉴》里，全都是白纸。

大批记者涌进拉塞特教授任职的研究所，七嘴八舌地争相访问教授，想弄清楚这究竟是怎么一回事。面对记者的镁光灯，拉塞特教授轻松自若地回答："对生物学稍有研究的人都知道，夏威夷根本没有毒蛇，所以当然是空

白的。"拉塞特教授充满智慧的双眼，闪烁着奇特的光芒，继续道："既然整本书是空白的，当然就不会有任何错误了，所以我说，这是一本有史以来，唯一没有错误的生物学巨著。"拉塞特教授的幽默感，你能领会吗？

为了恐惧错误而故步自封；或是因为过去的决策的错误，造成重大损失，而自己裹足不前，岂不正如前述那位教授出版空白纸张一般？重要的是，我们的人生焉能白过？生命笔记当中，还有无数的空白页面，有待我们勇敢地提起行动的彩笔，让它成为一页又一页丰富灿烂的精美图鉴。所以，我们要面对错误，并且改正它！

恩格斯22岁那年，有一天，一个朋友到他家做客，朋友高兴地对恩格斯说："在澳洲有一种奇怪的动物，名叫鸭嘴兽，它们是哺乳动物，可是却用蛋来繁殖后代。"说完，他还把鸭嘴兽的蛋拿给恩格斯看。具有渊博自然科学知识的恩格斯看了以后，哈哈大笑地说："你肯定是搞错了！鸭嘴兽既然生蛋，就一定不是哺乳动物，因为哺乳动物都是胎生的。"恩格斯还嘲笑了那种认为哺乳动物会下蛋的"愚蠢之见"。

数年之后，恩格斯终于明白自己这种看法是错误的。

原来，鸭嘴兽这种生活在澳大利亚南部山溪河湖边的小动物，确实是世界上现存的最原始的哺乳动物，也确实是用蛋来繁殖后代的。由于鸭嘴兽是从爬行动物进化来的，因此至今还保留着一些爬行动物的特征，同时也具有某些哺乳动物的特点，比如母鸭嘴兽会下蛋，而且会通过腹部乳腺区的绒毛给小鸭嘴兽喂奶；它下蛋后，也会像鸟一样紧紧地伏在蛋上，直到孵化出小鸭嘴兽为止。初生的小鸭嘴兽，靠吃妈妈的奶汁长大。

恩格斯认识了自己的错误之后，马上给他的朋友写了一封信。在信中，他坦率地承认了自己的错误，并且风趣地表示，他要向鸭嘴兽道歉，请它原谅自己的傲慢与无知。

犯错误并不一定是件坏事，只要我们面对错误时，不惧怕，不躲避，不文过饰非，不强词夺理，敢于承认，敢于承担，能用一种积极的人生态度，一颗勇敢的心和一双智慧的眼睛，去面对错误，反思错误。然后改正错误，做好人生的选择。

1929年的一天，佐治亚大学和加州大学在争夺玫瑰杯橄榄球赛的冠军。上半场比赛开始不久，加州大学一位名叫罗伊·里格斯的球员接住球后居然跑向了相反的方向，罗伊的这次失误使得佐治亚大学一下子获得了巨大的优势。

上半场比赛结束，罗伊双手捂着脸哭了起来。尼布兹·普莱斯教练看着全体队员，说了一句："小伙子们，上半场的全班人马继续下半场比赛！"

罗伊再次出发了，场上的众人会告诉你，他们从没看到过哪一个橄榄球手像罗伊在下半场比赛中那样所向无敌。

如果下次你也犯了一个错误，记住处理错误的办法：

首先，承认你的过失，并且承担因此而造成的损失。不要企图把责任推卸给他人或客观条件。如果你只想推卸责任，你就永远无法解决问题。

第二，善待自己，游戏只进行到了一半。这不会是你出现的第一次失误，也不会是最后一次，你仍然是个负责并且仔细的人，你的态度要积极一些。

第三，纠正错误，继续前进。智慧的人不会把永不出错看成是一件好事，相反，他们借纠错来不断提升自己的修为。

现在，不要再惧怕犯错误，如果你按照上面的办法去做的话，多数的错误至多只会成为你以后生活中的一个笑谈。

勇对挫折：
百折不挠的心

> 伊壁鸠鲁终生都受着疾病的折磨，但他学会了以极大的勇气去承当它。
>
> ——罗素《西方哲学史·伊壁鸠鲁派》

蒙森说："运气喜欢在某些时刻撤退，为的是要你以坚韧的努力把它重新召回。"人活在这个世界上，不可能所有的事情都一帆风顺。面对那些困难与挫折，拥有足够勇气的人才能跨过它们取得成功。因此，遇到挫折和苦难时，我们要有一颗百折不挠的心，拥有必定战胜它的信念。

一个极度渴望成功的年轻人，在他短短的人生旅途中接二连三地受到打击和挫折，他处于崩溃的边缘，几乎要绝望了。苦闷的他仍然心有不甘，在彷徨和迷茫中，他决定去请教一位智者。见到智者后，他很恭敬地问："我一心想有所成就，可总是失败。请问，到底怎样才能取得成功呢？"

智者笑笑，转身拿出一件东西递给年轻人，他吃惊地发现智者给他的竟然是一颗花生，年轻人困惑地望着智者。智者问道："你有没有觉得它有什么特别之处呢？"年轻人仔细地观察了一番，仍然没有发现它和别的花生有什么差别。"请你用力捏捏它。"智者接着说。年轻人伸出手用力一捏，花生壳被他捏碎了，只有红色的花生仁留在手中。"请你再搓搓它，看看会发生什么事。"智者又说，脸上带着微笑。

年轻人虽然不解，但还是照着智者的话做了，他轻轻地一搓，花生红色的皮也脱落了，只留下白白的果实。年轻人看着手中的花生，不知智者是何用意。"再用手捏捏它。"智者又说。年轻人用力一捏，他发觉自己的手指根本无法将它捏碎。"用手搓搓看。"智者说。年轻人又照做了，当然，什么也没搓下来。

"虽屡遭挫折，却有一颗坚强、百折不挠的心，这就是成功的一大秘诀！"智者说。

年轻人顿悟，遭遇几次挫折就崩溃、绝望了，这样脆弱的心理又怎么能够成功呢？从智者家里出来，他又挺起了胸膛，心中充满了力量。

这个故事告诉我们，如果没有改变自己境遇的态度和承担所遭苦难的勇气，就不能成为一个有所作为的人。

美国前总统罗斯福在中年时突然得了一种怪病。这时他已经身为参议员，在政坛正是一帆风顺、大展前途的时候，遭此打击，差点心灰意冷，退隐还乡。

开始待在家里的时候，他一点也不能动，必须坐在轮椅上，但他讨厌整天依赖别人把他抬上抬下。后来，他就背着别人在晚上一个人偷偷练习。

有一天，他告诉家人说，他发明了一种上楼梯的方法，要表演给大家看。原来，他先用手臂的力量，把身体撑起来，挪到台阶上，然后再把腿拖上去，就这样一阶一阶艰难缓慢地爬上楼梯。

母亲看见他这样子，有些不忍心地劝他说："你这样在地上拖来拖去的，给别人看见了多难看，孩子，别再折磨自己了。"

罗斯福摇了摇头，坚定地说："这是我的耻辱，我必须面对我的耻辱！"

罗斯福并没有放弃理想和信念，他一直坚持不懈地锻炼，企图恢复行走和站立能力。他用以疗病的佐治亚温泉，甚至还被众人称之为"笑声震天的地方"。正是这种承担苦痛与折磨的勇气和积极乐观的心态帮助罗斯福在第二次世界大战中领导美国人民战胜法西斯，使他成为同华盛顿和林肯齐名的美国最伟大的三位总统之一。

所以，有人说："你改变不了世界，但你可以改变自己；你改变不了事实，但你可以改变态度。"

斯蒂芬·威廉·霍金被誉为当今世界上最著名的思想家和物理学家，具有"宇宙之王"的美誉。他于1942年1月日出生在英国牛津，毕业于牛津大学和剑桥大学三一学院。然而不幸的是，在他21岁那年，他患上了导致肌肉萎缩的卢伽雷氏症。随着病情的一天天加重，霍金不得不永远地坐在轮椅上。但如此悲惨的遭遇并没有让霍金感到沮丧，他在轮椅上迈出了探索宇宙的步伐。

在一次科学大会报告的现场，一个记者问道："霍金先生，卢伽雷病已经将您永远固定在了轮椅上，让您失去了自由，您不觉得命运对您不公平吗？"这个听起来十分尖锐的问题，让在现场的所有人都紧张起来，似乎所有人都认为这位记者有些太过鲁莽了。

然而，此时静静坐在那里的霍金却只是微笑。接着他开始用他那还能活动的手指来回答这位记者的提问，随着他艰难的敲击，只见一段醒目的文字缓慢地出现在了宽大的投影屏上。这段文字是：我的手指还能活动，我的大脑还能思考，我有终生追求的理想，有我爱的人和爱我的亲人和朋友。

随着他敲击的结束，现场顿时掌声雷鸣。所有人都被霍金的坚韧、勇敢和他那笑对人生的态度打动了。

常言道："人生不如意事常八九。"面对这"八九"，上述的故事告诉我们，一定要拿出敢于面对困苦的勇气和决心，正视一切挫折，才能在风雨过后见到灿烂的阳光。否则，一味地放纵自己，逃避痛苦，只能让你变得悲观而颓废，进而丧失斗志，走上失败的道路。

坚韧不拔：
为天空立法的人

开普勒（1571—1630）是说明人假若没有多大天才，凭毅力能达到什么成就的一个最显著的实例。

——罗素《西方哲学史·科学的兴盛》

毅力，是成功的基点。它使铁杵成针，使水滴石穿。坚韧不拔的毅力，可以征服世界上任何一座高峰。很多时候，成功须待时间来证明，这时如果没有坚韧不拔的毅力作为后盾，可能就会放弃奋斗和追寻。

他是个早产儿，只在母亲的肚子里待了7个月。4岁时，他因天花险些丧命，接着又患上了猩红热，眼睛被高烧损坏。由于视力差，天上的星辰对他只是一些微弱的发光体。然而，成年后他却热爱上了天文学事业，并立下了"为天空立法"的宏愿。他，就是德国著名天文学家开普勒。

开普勒1571年12月27日出生于德国符腾堡州维尔城，1589年考入杜宾根大学，攻读神学、哲学和数学，后来转向天文学，成为哥白尼学说的坚定拥护者。

1601年，开普勒继承了老师未竟的事业，研究火星。当时，无论是托勒密还是哥白尼，都认为星球是做圆周运动的。起初开普勒也持这种观点，并将布拉赫留下的关于火星的资料用圆周轨道来计算，可计算了几个月却毫无结果。

一天，恩师马斯特林来布拉格看望开普勒，见他的屋子里到处画满了乱七八糟的圆圈，纳闷地问："朋友，我不知道你这些年到底在干什么？"

"我想弄清行星的轨道。"

"这个问题从托勒密到第谷·布拉赫，不是都毫无疑问了吗？"

"不对，现在的轨道和布拉赫的数据还有8分之差。"

马斯特林失声叫道："8分，多么小的一点啊。只相当于钟盘上秒针在0.02秒的瞬间走过的一点角度！我的朋友，你面前是浩渺无穷的宇宙啊，难道这点误差也要引起愁思？"

开普勒冷静地说："我已经查遍布拉赫关于火星的资料。他二十多年如一日的观察数据完全一致——火星轨道与圆周运动有8分之差。感谢上帝给了我这样一位精通的观测者。这8分绝不敢忽视，我决心从这里打开缺口，改革以往所有的体系。"

恩师和亲朋的不理解，并没有动摇开普勒。他不像布拉赫那样决心研究1000颗星星，而是紧紧盯住一颗星星——火星！

经过几年不懈研究，1605年，开普勒终于发现火星的轨道并不是圆，而是椭圆。这个发现在天文学上具有划时代意义，就是后来被称为"开普勒第二定律"的椭圆定律。之后，他又发现了第一定律：行星绕太阳做圆周运动在一定时间内扫过的面积相等，即等面积定律。

一个惊世天机，就这样被开普勒识破。此后十年，他以顽强的毅力和耐心，终于从一大堆计算数字中发现了另一个秘密：行星绕太阳运转时，其运转周期的平方等于它与太阳间平均距离的立方，就是后来的"开普勒第三定律"。这三条定律使得神秘无边的宇宙星空逐渐显得井然有序，并为牛顿建立万有引力定律打下坚实基础。

这个终生病魔缠身的人，在贫病交加中奋战多年，终于实现年轻时立下的宏愿，探索到了宇宙秘密，被人誉为"为天空立法的人""天体力学奠基人"。

《孟子·告子下》中说："故天将降大任于斯人也，必先苦其心志，劳其筋骨，饿其体肤，空乏其身，行拂乱其所为，所以动心忍性，曾益其所不能。"一个肯做别人所做不到的事情，并且能将这件事情做好的人，一定能有所成就。成功的道路是迂回曲折的，有耐心和毅力的人才会达到目标。

第五章 透视挫折——在逆境中好成长

不屈不挠：
寻找镭的居里夫人

他们（在生物学上优越的人）会有较多的意志力量、较多的勇气。

——罗素《西方哲学史·尼采》

人生在世，谁都会遇到挫折，适度的挫折具有一定的积极意义，它可以帮助人们驱走惰性，促使人奋进。英国哲学家培根说过："超越自然的奇迹多是在对逆境的征服中出现的。"

1867年11月7日，玛丽·居里生于波兰华沙的一个教师家庭。她自小就勤奋好学，16岁时以金奖毕业于中学。因为家庭经济困难，玛丽只好只身来到华沙西北的乡村做家庭教师。

但是玛丽没有改变上大学深造的信念，1892年，在她父亲和姐姐的帮助下，她来到巴黎索尔本学院求学。她废寝忘食，在索尔本学院的学位考试中，玛丽以她优异的成绩获得了物理学硕士第一名。从此，玛丽的研究内容扩充到许多方面，在研究金属磁性的试验中，在物理学会的会议席上，玛丽结识了优秀的物理学家皮埃尔·居里。在崎岖的小路上相识，在向科学顶峰的攀登中结成伴侣。从此玛丽、居里成了不可分开的名字。

他们在一个破不成样的棚子里不断地研究，小屋里散发出来的刺激性很强的蒸汽使人窒息。在这不卫生的工作环境里又使皮埃尔·居里患上了四肢疼痛的病症，可玛丽并没有放弃理想。白天，她把大量的矿渣加热、搅拌，把大桶里的流汁倒出来，如蒸馏、结晶等。两个人的工作她一个人做了，化学处理的繁重劳动，累得玛丽像瘫痪了一样。每到晚上，她又要照料孩子，洗衣服、做饭、打扫卫生……夜深了，又要开始他们的论文写作，一整天都没有休息的时间，天还没有亮，他们已经亮着灯在破棚子里工作了。由于睡眠太少，体力消耗太大，他们的健康受到损害，玛丽明显地消瘦了。有时整年的时间在实验室里度过，这对年轻的夫妇没到过一次戏院、没有去听过一次音乐会，甚至没有访问过一次朋友……可是，他们从来没有互相抱怨过。仅用一年的时间，居里夫妇竟写出过三篇震撼世界的科学论文。正像玛丽·居里后来回顾这段艰苦历程时所说："在这间简陋的木板房子里度过的几年，是我们一生中最有价值的、最幸福的、完全献身于工作的时期。"他们一起进行科学研究，最终先后发现了钋和镭两种放射性元素，获得了1903年诺贝尔物理学奖。

1906年，正当他们的事业蒸蒸日上的时候，丈夫居里不幸死于车祸，这使居里夫人追求的事业陷入困境，居里夫人纪念丈夫的最好方法就是完成丈夫的事业。她强忍悲痛，全心投入工作使她从精神的痛苦中得到解脱，也使她在原子核科学领域为人类作出杰出的贡献。1911年，居里夫人又一次获得诺贝尔化学奖。

居里夫人之所以会有如此伟大的成就，与她面对困难不屈不挠的精神有很大关系，她让我们相信："有志者事竟成"。这正如俾斯麦所说："对于不屈不挠的人来说，没有失败这回事。"

困难和挫折不但不会阻碍强者前进的脚步，有时它还是一种动力，迫使他们挑战自身的极限，创造奇迹。

坚定信念：
三根琴弦的演奏

乌云的背后仍然保存着光辉，而且随时可以显现出来。

——罗素《西方哲学史·斯巴达的影响》

挫折对人有积极与消极两重性。美国当代诗人洛威尔曾经说过："灾难就像刀子，握住刀柄就可以为我们服务，拿住刀刃则会割破手。"从消极方面来说，灾难会造成一个人心理上的创伤和行为上的偏差，甚至会使意志薄弱者一蹶不振。从积极方面来说，灾难能激发人的潜能，增强其韧性和解决问题的能力。

生活中常常会出现一些让人猝不及防的悲剧，如果我们身陷某种意料之外的困境，这时，不要轻易地认定大势已去。只要心头不熄灭一个坚定的信念，努力去找，总会找到帮助自己渡过难关的那道门。

1995年11月18日，纽约市林肯中心的艾佛瑞·费雪大厅，小提琴家帕尔曼将在这里举行一场音乐会。对帕尔曼来说，登上舞台意味着一种巨大的成就，因为他小时候患上了小儿麻痹症，现在双腿绑着支架，走路要靠双拐。

他这次与平常一样，走得很痛苦，但很从容，直到走到他的座位前。他缓缓地坐下，把双拐放在地面上，解开腿上的支架，一只脚收在后面，另一只伸向前方。然后他弯下身拿起小提琴，放在颔下，朝指挥点了点头，开始了演奏。

但这次出了点麻烦。刚演奏完前面的几个小节，小提琴的一根弦断了，人们可以听到它的断声——这声音在安静的大厅里听起来格外脆响。当然，任何人都知道用3根弦是无法演奏出完整的和弦的，当时大家都认为他将换把小提琴或者给这把琴换根琴弦。

但那夜帕尔曼却用常人难以想象的自信挑战了这一突发的灾难。只见他丝毫未显惊慌，迟疑了一下，闭上眼睛，非常轻松自然地给了指挥一个信号，示意重新开始演奏。整个过程就好像已完成上一曲演奏的自然间歇，接着该下一曲了。乐队奏响音乐，他从停止的部分开始演奏，但前后衔接得却非常和谐，听起来就像他调整了琴弦原有的音阶，演绎出一种它们从未奏出过的全新的声音。让听众们感到他用3根弦奏出的音乐甚至比他曾经用4根弦奏出得更加美妙，更加神圣，更加令人难忘。

听众感到他的演奏从来不曾如此富有激情，富有力量，旋律如此优美动听。特殊的激情和勇气赋予了他奇特的艺术灵感和创造力，使他超常地发挥出潜在的才华，用勇气、智慧、胆识创造了比常规下更具魅力的奇迹，改写了小提琴的演奏历史。

当演奏结束，大厅中先是一片沉静，接着人们站起来欢呼。礼堂的每一个角落都爆发出热烈的掌声。帕尔曼微笑着，擦了擦额上的汗，举起弓示意大家安静，然后用一种平和的、沉思的、恭敬的语气说："大家知道，有时演奏艺术家的工作就是用你仅有的东西还能创作出新的音乐。"

帕尔曼在不具备成功的条件下，获得了巨大的成功，这是因为他首先没有被自己打败。一个人先有主观上的失误，然后才会被环境、条件等各种客观因素打败。

社会是个大熔炉，人们生活在这个熔炉里，难免会遇到一些磕磕绊绊的磨炼。懦弱的人一经炼造，意志的熔点愈低，便是汇入芸芸众生的铁水；坚强的人一经熔炼，意志的熔点愈高，百炼而成钢。人生又是一张晴雨表，风风雨雨无尽头。而对成功的人来说，有一样与众不同，就是他们始终坚定信心，不经风雨，怎见七色彩虹，阳光总会在风雨之后。

有个故事说，一位卖花姑娘，衣着褴褛，神情安详，有人奇怪，她何以有如此好的精神？姑娘回答，为什么不呢，等待三天，情况就变了。果然，三天后，阴霾散尽，迎来圣诞节的曙光，卖花姑娘的生意骤变，变得格外好。仔细一想，等待三天，这个过程对于一个人走向成功是多么的重要呀，等待积蓄的过程，是事物发生裂变的过程，也是人生从风雨转向晴朗的过程。

人生的风雨路上，成功的机遇只会垂青有目标、有信心和脚踏实地的人，挫折和磨难对于缺乏信念的人是拦路虎，对于有信心之士则是天降大任的前奏曲，是驶向成功彼岸的一排浪，是阴雨连绵的一阵风，是登临山巅的一道坎，攀上去，无限风光在险峰，风雨过后是阳光。

心怀信念：
一壶沙的力量

在天上的灵魂与地上的肉体二者的对立之中，他（苏格拉底）做到了灵魂对于肉体的完全的驾驭。

——罗素《西方哲学史·苏格拉底》

"望梅止渴"的故事已经为人们所熟知，望梅之所以能止渴，是因为人们心中的梅起到了鼓舞和激励的作用，从而忘记了内心的焦渴。

一片茫茫无垠的沙漠上，一队商旅骑着骆驼在那里负重跋涉。阳光很剧烈，干燥的风沙漫天飞舞。而口渴如焚的商人们已经没有了水。

水是他们穿越沙漠的信心和源泉，甚至是在沙漠中苦苦搜寻的求生目标。

这时候，头领从腰间拿出一只水壶。说："这里还有一壶水。但穿越沙漠前，谁也不能喝。我们要留到最需要的关头。"

那水壶从随行的人们手里依次传递开来，沉沉的。一种充满生机的幸福和喜悦在每个人濒临绝望的脸上弥漫开来。

终于，这帮人一步步挣脱了死亡线，顽强地穿越了茫茫沙漠。他们喜极而泣的时候，突然想到了那壶给了他们以精神和信念支撑的水。

于是，头领拧开壶盖，汩汩流出的却是满满的一壶沙。

他随即对众人说："在沙漠里，干枯的沙子有时候可能是清冽的水，只要你的心里驻扎着拥有清泉的信念。"

人生的沉浮，对于一个人来说，正是磨炼。一个人身处顺境固然好，它

第五章 透视挫折——在逆境中好成长

可以让你比较容易地到达自己理想的目标，但如果一个人处于逆境之中，该怎么办呢？只要秉持着信念继续前进，一定能到达阳光地带。

罗杰·罗尔斯是纽约第53任州长，也是纽约历史上第一位黑人州长。他出生在纽约声名狼藉的大沙头贫民窟。这里环境肮脏，充满暴力，是偷渡者和流浪汉的聚集地。在这儿出生的孩子，从小耳濡目染逃学、打架、偷窃甚至吸毒，长大后很少有人获得较为体面的职业。然而，罗杰·罗尔斯是个例外，他不仅考入了大学，而且成了州长。

在就职的记者招待会上，到会的记者提了一个共同的问题：是什么把你推向州长宝座的？面对300多名记者，罗尔斯对自己的奋斗史只字未提，他仅说了一个非常陌生的名字——皮尔·保罗。后来人们才知道，皮尔·保罗是他小学的一位校长。

皮尔·保罗被聘为诺比塔小学的董事兼校长，当时正值美国嬉皮士流行的时代。他走进大沙头诺比塔小学的时候，发现这儿的穷孩子比"迷惘第一代"还要无所事事，他们不与老师合作，他们旷课、斗殴，甚至砸烂教室的黑板。皮尔·保罗想了很多办法来引导他们，可是没有一个是有效的。后来他发现这些孩子都很迷信。于是在他上课的时候就多了一项内容——给学生看手相。凡经他看过手相的学生，没有一个不是州长、议员或富翁的。

当罗尔斯从窗台上跳下，伸着小手走向讲台时，皮尔·保罗说，我一看你修长的小拇指就知道，将来你是纽约州的州长。当时，罗尔斯大吃一惊，因为这么大，只有他姐姐让他振奋过一次，说他可以成为5吨重的小船的船长。这一次，皮尔·保罗先生竟说他可以成为纽约州的州长，着实出乎他的意料。他记下了这句话，并且相信了它。

从那天起，纽约州州长就像一面旗帜。他的衣服不再沾满泥土，他说话时也不再夹杂污言秽语，他开始挺直腰杆走路，他成了班长。在以后的四十多年间，他没有一天不按州长的身份要求自己。51岁那年，他真的成了州长。

在他的就职演说中，有这么一句话。他说，信念值多少钱？信念是不值钱的，它有时甚至是一个善意的欺骗，然而你一旦坚持下去，它就会迅速升值。

俗话说：守得云开见月明。在乌云密布的夜晚，只要我们有着对明月的渴望和抱着明月总会出来的信念，静静地等待，往往最终都会等到明月普照大地的美丽瞬间。

守住自己的信念吧，哪怕它只是秋天最后一片落叶，哪怕它只是水中一截腐朽的枯枝，只要你不曾对生活失去信心，生活就不会亏待你，因为守住了信念就留住了希望。

历尽磨炼：
林肯与蝴蝶

斯巴达式的纪律，为了重大目标既有加给人痛苦的能力也有忍受痛苦的度量。

——罗素《西方哲学史·尼采》

人生是一个破茧成蝶的过程，在这个过程中，没有人能够帮助你，只有你自己。如果我们能正视自己，客观公正地评价自己，认清自己与他人的差距，面对失败不悲观失望、怨天尤人、自我沉沦，我们就一定能够获得成功。

1832年，林肯失业了，这显然使他很伤心，但他下决心要当政治家，当州议员。糟糕的是，他竞选失败了。在一年里遭受两次打击，这对他来说无疑是痛苦的。

接着，林肯着手自己开办企业，可一年不到，这家企业又倒闭了。在以后的几年间，他不得不为偿还企业倒闭时所欠的债务而到处奔波，历尽磨难。

随后，林肯再一次决定参加竞选州议员，这次他成功了。他内心萌发了一丝希望，认为自己的生活有了转机："可能我可以成功了！"

1835年，他订婚了。但离结婚还差几个月的时候，未婚妻不幸去世。这对他精神上的打击实在太大了，他心力交瘁，数月卧床不起。1836年，他得了神经衰弱症。

1838年，林肯觉得身体状况良好，于是决定竞选州议会议长，可他失败了。1843年，他又参加竞选美国国会议员，但这次仍然没有成功。

林肯虽然一次次地尝试，但却是一次次地遭受失败：企业倒闭、情人去世、竞选败北。要是你碰到这一切，你会不会放弃——放弃那些对你来说是重要的事情？

林肯是一个聪明人，他具有执着的性格，他没有放弃，他也没有说："要是失败会怎样？"1846年，他又一次参加竞选国会议员，最后终于当选了。

两年任期很快过去了，他决定要争取连任。他认为自己作为国会议员表现是出色的，相信选民会继续选举他。但结果很遗憾，他落选了。

因为这次竞选他赔了一大笔钱，所以林肯申请当本州的土地官员。但州政府把他的申请退了回来，上面指出："作本州的土地官员要求有卓越的才能和超常的智力，你的申请未能满足这些要求。"

接连又是两次失败。在这种情况下你会坚持继续努力吗？你会不会说"我失败了"？

然而，作为一个聪明人，林肯没有服输。1854年，他竞选参议员，但失败了；两年后他竞选美国副总统提名，结果被对手击败；又过了两年，他再一次竞选参议员，还是失败了。

林肯尝试了11次，可只成功了2次，但他一直没有放弃自己的追求，他一直在做自己生活的主宰。1860年，他当选为美国总统。

亚伯拉罕·林肯面对困难没有退却、没有逃跑，他坚持着、奋斗着。他压根就没想过要放弃努力，他不愿放弃；如果在这个过程中，他有一丁点的退缩，最后也就不可能当选为美国总统。这告诉我们，只有自己才能借给你一双高飞的翅膀。

有个小孩在草地上发现了一个蛹，他捡回家，要看蛹如何羽化成蝴蝶。过了几天，蛹上出现了一道小裂缝，里面的蝴蝶挣扎了好几个小时，身体似乎被什么东西卡住了，一直出不来。小孩于心不忍，心想"我必须助它一臂之力"。所以，他拿起剪刀把蛹剪开，帮助蝴蝶脱蛹而出；可是它的身体臃肿，翅膀干瘦，根本飞不起来。小孩以为几小时之后蝴蝶的翅膀会自动舒展开来；可是他的希望落空了，一切依旧，那只蝴蝶注定要拖着臃肿的身子与干瘪的翅膀，爬行一生，永远无法展开飞翔。

大自然的道理是非常奥妙的，每一个生命的成长都充满了神奇与庄严，瓜熟坠地，水到渠成；蝴蝶一定得在蛹中痛苦的挣扎，一直到它的双翅强壮了，才会破蛹而出。小孩善意的一剪，反而害了它的一生。从这个故事里，我们可体会出"拔苗助长""欲速不达"的真谛。磨炼、挫折、挣扎，这些都是成长必经的过程。急于成功的人，别忘了一句名言："人生必须背负重担，一步一步慢慢地走。"

第 六 章

把握自己：扼住生命的咽喉

认清习惯：
奇石也被扔掉了

> 习惯虽然是一个可以使人失去羞耻的魔鬼，但是它也可以做一个天使，对于勉力为善的人，它会用潜移默化的手段，使他弃恶从善。
>
> ——罗素《西方哲学史·亚里士多德的伦理学》

在我们周围，有人勤奋，有人懒惰；有人认真，有人马虎；有人勤俭节约，有人铺张浪费；有人明天的事情今天做，有人今天的事情明天做……勤奋节约的人收获幸福，铺张浪费的人收获痛苦；今天的事情明天做，所有的梦想皆成空，明天的事情今天做，所有的梦想皆成真……有怎样的行为习惯，就会有怎样的人生！

亚历山大帝国时有一个能认识几个字的穷人，发现了一件非常有趣的东西———一张薄薄的羊皮纸上面写着点铁成金石的秘密。所谓"点铁成金石"是一块小圆石，能把任何普通的金属变成纯金。小纸片上写着，这块奇石在黑海边可以找到。但是奇石的外观跟海边成千上万的石头没什么两样，谜底在于奇石摸起来是温的，而普通的石头摸起来是冰凉的。于是这个穷人带着简单的行囊，露宿于黑海岸边，开始寻找点铁成金石。

他为了防止重复地捡到已经摸过的石头，而无法辨认真正的奇石，每当捡起一块冰凉的石头，他就往海里扔。一天过去了，他捡的石头中没有一块是书中所说的奇石。一个月，一年，二年，三年……他还是没有找到那块奇石。但是他毫不气馁，继续捡石头扔石头，没完没了。有一天早上，他捡起一块石头，一摸是温的，他仍然随手扔到海里，因为他已经养成了往海里扔石头的习惯，以至于当他梦寐以求苦苦寻觅的奇石出现时，他仍然习惯性地扔到了海里。他的多年点铁成金梦也像肥皂泡一样破灭了。

1978年，75位诺贝尔奖获得者在巴黎聚会。有人问其中一位："你在哪所大学、哪所实验室里学到了你认为最重要的东西呢？"出人意料，这位白发苍苍的学者回答说："是在幼儿园。"又问："在幼儿园里学到了什么呢？"学者答："把自己的东西分一半给小伙伴们；不是自己的东西不要拿；东西要放整齐，饭前要洗手，午饭后要休息；做了错事要表示歉意；学习要多思考，要仔细观察大自然。从根本上说，我学到的全部东西就是这些。"

这位学者的回答，代表了与会科学家的普遍看法。把科学家们的普遍看法概括起来，就是他们认为终生所学到的最主要的东西，是幼儿园老师给他们培养的良好习惯。培根在谈到习惯时深有感触地说："习惯真是一种顽强而巨大的力量，它可以主宰人的一生，因此，人从幼年起就应该通过教育培养一种良好的习惯。"

既然我们都知道养成良好的习惯对我们自身是很有好处的，而养成良好的习惯并不是一件轻而易举的事，那么如何来养成良好的习惯呢？良好习惯的养成，贵在坚持。

古希腊大哲学家苏格拉底思想深邃，思维敏捷，关爱众生又为人谦和，许多青年慕名前来向他学习，听从他的教导，都期望成为像老师那样有智慧的人。他们当中天赋极高天资聪颖者济济一堂，都希望自己能脱颖而出成为苏格拉底的继承者。一次苏格拉底对学生说："今天我们只学一件最简单也是最容易的事——每个人都把胳膊尽量往前甩，然后再尽量往后甩。"苏格拉底示范了一遍，说："从今天起每天做300下，大家能做到吗？"学生们都笑了，这么简单的事有什么做不到的？第二天苏格拉底问学生："谁昨天甩胳膊三百下？做到的人请举手。"学生的手都哗哗地举了起来，一个不落。苏格拉底点头称赞。一周后，苏格拉底如前所问，有一大半的学生举手。过了一个月后，苏格拉底问学生哪些学生坚持了，有几个学生骄傲地举起了手。

一年后，苏格拉底再一次问大家："请告诉我最简单的甩手动作还有哪几位同学坚持了？"这时整个教室里只有一个学生举起了手，这个学生就是后来成为古希腊另一位伟大哲学家的柏拉图。他的成就甚至超过了他的老师。

不满足是向上的车轮，只有坚持才会成功。美国著名教育家曼恩说："习惯像一根缆绳，我们每天给它缠上一股新索，要不了多久，它就会变得牢不可破。"就让我们去为好习惯的缆绳缠上恒心的索链吧。

改变自己：
性格决定命运

> 有些人由于他们的性格或能力的缘故而有着比别人更广阔的范围，所以他们如果分享更大的幸福，那是并没有什么不正义的。
>
> ——罗素《西方哲学史·亚里士多德的伦理学》

古希腊哲学家赫拉克利特说："一个人的性格就是他的命运。"一个人一旦认清了自己的天性，知道自己究竟是什么人，他也就知道自己究竟要什么了。

从前有三个兄弟，他们很想知道自己的命运，于是去求教智者。听了他们的来意后，智者问道："据说在遥远的天竺国，有一颗价值连城的夜明珠，假如让你们去取，你们会怎么做呢？"

大哥说："我生性淡泊，在我眼里，夜明珠不过是一颗普通的珠子，我不会前往。"

二弟拍着胸脯说："不管有多大的艰难险阻，我一定会把夜明珠取回来。"

三弟则愁眉苦脸地说："去天竺路途遥远，险象环生，恐怕还没取到夜明珠，就没命了。"

听完他们的回答，智者微笑着说："你们的命运已经很清楚了。大哥生性淡泊，不求名利，将来自然难以荣华富贵，但在淡泊之中也会得到许多人的帮助与照顾；二弟性格坚定果断，意志刚强，不惧困难，可能会前途无量，也许会成大器；三弟性格优柔懦弱，凡事犹豫不决，命中注定难成大事。"

这个故事告诉我们，所谓"贵贱祸福"，都是由自己的心性及行为所播种的因而结出的果。如果不从自己的内心开始，让性格从根本上得以改变，那么无论做出何等的努力，都不会有什么很大的效果———一切外在的改变都是徒劳。

一位中国学生到澳大利亚留学，在刚抵达澳洲的时候，他对陌生的环境很不适应。之前，他一直住在国内的一个大城市里，是家里的独子，习惯了在父母的呵护下生活。这次单枪匹马出来闯世界，一时间有点手足无措。

不过，环境很快磨炼了他的性格。三个月过去了，留学生有了脱胎换骨的变化，他学会了过日子，能烧饭、洗衣服，还懂得量入为出了。为了寻找一份糊口的工作，他买了辆二手的自行车，利用假期沿环澳公路走了好几天。他替人放羊，在牧场上割草，为雇主收庄稼，还在"中国城"餐厅里洗碗……他的日程安排得满满的，似乎时间总是不够用。只要有一口饭吃，他就会挥洒汗水辛勤工作。这些经历，让他的性格变得更坚强。

多年以后，这位留学生在澳洲电讯公司就职，并且已升任业务主管。

故事中的留学生，从一个娇生惯养的"公子哥"转变为自食其力的劳动者，从一个割草工、洗碗工转变为高级白领，主要就是依赖性格的变化。在艰苦的环境中，他磨炼了自己的性格，变得更顽强，也更能经受任何考验。所以到大公司应聘的时候，他才能凭借自己顽强的精神，把握到本不属于自己的机遇，从而改变了自己的命运。

有位美国记者采访晚年的投资银行一代宗师J·P摩根，问："决定你成功的条件是什么？"老摩根毫不掩饰地说："性格。"记者又问："资本和资金何者更为重要？"老摩根一语中的答道："资本比资金重要，但最重要的还是性格。"

确实，翻开摩根的奋斗史，无论他成功地在欧洲发行美国公债，慧眼识中无名小卒的建议大搞钢铁托拉斯计划，还是力排众议，甚至冒着生命危险推行全国铁路联合，都基于他倔强和敢于创新的性格，如果排除这一条，恐怕有再多的资本也无法开创投资银行这一伟大开创性的事业。

1998年5月，华盛顿大学350名学生有幸请来世界巨富巴菲特和盖茨演讲，当学生们问道："你们怎么变得比上帝还富有？"这一有趣的问题时，巴菲特说："这个问题非常简单，原因不在智商。为什么聪明人会做一些阻碍自己发挥全部工效的事情呢？原因在于习惯、性格和脾气。"盖茨表示赞同。无论是在工作和生活中，都是性格决定命运，性格好比是水泥柱子中的钢筋铁骨，而知识和学问则是浇筑的混凝土。

尼克松说："对一个人来说，真正重要不是他的背景、他的肤色、他的种族或是他的宗教信仰，而是他的性格。"性格是成就一切努力的基础。什么样的性格决定了什么样的行为，什么样的行为又决定了什么样的人生。

保持本色：
坚持自己的路

野兽自有某种光彩，把它一驯服就失掉了。

——罗素《西方哲学史·尼采》

一千个人的心中有一千个哈姆雷特，同样，一千种生物有一千种美丽，一千个人有一千种生活。如果把野兽驯服了，它就失去了它原本的美丽；同理，如果一味模仿别人的做法，失去了自我，也只会沦为笑柄。

战国时候，燕国有个青年人，他听说赵国都城邯郸的人特别有风度，他们走起路来，不紧不慢，又潇洒又优雅，那姿势特别好看。于是这位燕国青年决定要去赵国学邯郸人走路的姿势。他不顾家人的反对，带上盘缠，跋涉千里，专程赶到邯郸一心要学邯郸人走路的样子。

他来到大街上，看着来来往往的人群，看得他都发了呆，不知该怎样迈开步子。这时，迎面走来一个人，年龄和这位燕国青年相仿，那走路的样子实在令人羡慕。于是等那人走过，燕国青年便跟在他后面模仿，那人迈左脚，燕国青年也迈左脚，那人迈右脚，燕国青年也迈右脚，稍一不留心，他就搞乱了左右，搞得他十分紧张，哪还顾得了什么姿势。眼看那人越走越远，燕国青年渐渐跟不上了，他只好又回到原地。接着他又盯住了一个年纪稍大的人，他又跟在别人身后亦步亦趋地学走路，引得街上的人都停下脚步观看，有的人还捂着嘴笑。几天下来，他累得腰酸腿疼，但学来学去总是学不像。

燕国青年心想，学不好的原因肯定是自己原来走惯了的老姿势和步法，于是，他下决心丢掉自己原来的习惯走法，从头开始学习走路，一定要把邯郸人的步法学到手。可是，一连过了好几个月，燕国青年越学越差劲，不仅没学会邯郸人的走法，而且还把自己原来是怎么走路的也全忘了。眼看带来的盘缠已经花光，自己一无所获，他十分沮丧，于是只好回家了。可是他又忘了自己原来是怎样走路的，竟然迈不开步子了。无奈，燕国青年只好在地上爬着回去，那样子好不狼狈。

看起来，一味地模仿别人，而不知道坚持自己，不但学不到别人，反而会把自己也弄丢，这是绝不可取的。我们要坚持走自己的路！

在爱迪生这位伟大的发明家的一生中，发明了许多东西，然而，能够立即得到人们热烈欢迎的，却只有电灯。因为电灯的好处是人们看得见摸得着的。它的出现，意味着人们又有了一轮太阳，人们的活动不再受到黑夜的制约了。

早在1821年，英国的科学家戴维和法拉第就发明了一种叫电弧灯的电灯。这种电灯用炭棒作灯丝。它虽然能发出亮光，但是光线刺眼，耗电量大，寿命也不长，因此很不实用。

"电弧灯不实用，我一定要发明一种灯光柔和的电灯，让千家万户都用得上。"爱迪生暗下决心。

于是，他开始试验作为灯丝的材料：

用传统的炭条作灯丝，一通电灯丝就断了。

用钌、铬等金属作灯丝，通电后，亮了片刻就被烧断。

用白金丝作灯丝，效果也不理想。

就这样，爱迪生以极大的毅力和耐心，试验了1600多种材料。一次次的试验，一次次的失败，很多专家都认为电灯的前途黯淡。英国一些著名专家甚至讥讽爱迪生的研究是"毫无意义的"，是"在干一件蠢事"。一些记者也报道："爱迪生的理想已成泡影。"

面对失败，面对有些人的冷嘲热讽，爱迪生没有退却。他明白，每一次的失败，意味着又向成功走近了一步。

一次，爱迪生的老朋友麦肯基来看望他。麦肯基看到爱迪生玩命地工作，忧心忡忡地说："先生，你可别累坏了身体！"

爱迪生望着麦肯基说话时一晃一晃的长胡须，突然眼睛一亮，说："胡子，先生，我要用您的胡子。"

麦肯基剪下一绺交给爱迪生。爱迪生满怀信心地挑选了几根粗胡子，进行炭化处理，然后装在灯泡里。可令人遗憾的是，试验结果也不理想。"那就用我的头发试试看，没准还行。"麦肯基说。

爱迪生被老朋友的精神深深感动了，但他明白，头发与胡须性质一样，于是没有采纳老人的意见。麦肯基小坐了一会儿，就要告辞了。爱迪生起身，准备为这位慈祥的老人送行。他下意识地帮老人拉平身上穿的棉线外套。突然，他又喊道："棉线，为什么不试试棉线呢？"

麦肯基毫不犹豫地解开外套，撕下一片棉线织成的布，递给爱迪生。爱迪生把棉线放在U形密闭坩埚里，再把坩埚放进火炉，用高温处理。棉线经这样炭化处理后，再取出来。爱迪生用镊子夹住炭化棉线。准备将它装到灯泡内。可由于炭化棉线又细又脆，加上爱迪生过于紧张，拿镊子的手在微微颤抖，因此棉线被夹断了。最后，费了九牛二虎之力，爱迪生才把一根炭化棉线装进了灯泡。

此时，夜幕降临了。爱迪生的助手把灯泡里的空气抽走，小心翼翼地封上口，并将灯泡安在灯座上。一切工作就绪，大家静静地等待着结果。接通电源，灯泡发出金黄色的光辉，把整个实验室照得通亮。爱迪生和他的助手们无比兴奋，他们互相拥抱，互相祝贺。

爱迪生没有因为他人的批评而放弃自己的路，他经过13个月的艰苦奋斗，试用了6000多种材料，试验了7000多次，终于有了突破性的进展，发明了电灯。正是因为他的坚持，才有我们今天夜晚的霓虹闪烁！

意大利伟大的诗人但丁曾经说过："走自己的路，让别人说去吧！"对任何一件事情，每个人都有自己的想法，而且这些想法各不相同。所以，对做事情的人来说，要有自己的判断，要有自己的选择，只要是自己认准的路，不管别人说什么，都要挺起胸膛走到底。

积攒实力：
方文山的故事

知识的树不是生命的树。

——罗素《西方哲学史·拜伦》

"博观而约取，厚积而薄发。"只有经过长时间准备的人，才能有所作为。

他是台北人。在爷爷的教导和影响下，从小迷恋古典诗词，《唐诗三百首》之类的书背得烂熟，爷爷问他长大做什么，他会说"做个诗人"，爷爷微笑不语。稍大一点，他对电影非常着迷。爷爷再问他的理想时，他会响亮地回答："做大导演！"爷爷笑着点头之后又摇头。

由于家境一般，父母并没有钱来投资帮助他实现理想。因此，他不得不通过自己的努力来苦苦打拼。他做过防盗器材的推销员，还曾帮别人送过外卖，生活的艰辛让他更懂得机遇的重要性。

当时台湾地区电影呈现整体滑坡趋势，父母也劝他打消关于电影的念头。他只好退而求其次，进行歌词创作，把自己的作品分寄到各大小唱片公司和音乐人手中，每次都要寄出上百份这样的"求职信"，但一直都是石沉大海。

一个失望而寂寞的夜晚，他喝了不少酒，昏昏沉沉地睡着。半夜12点，一个电话吵醒了他，竟然是当时台湾电视名嘴吴宗宪打来的。听到"吴宗宪"这三个字，他的酒一下子全醒了。原来，吴宗宪看了他寄去的信，非常激动，迫切邀请他到自己新成立的音乐工作室任职。

突然的惊喜让他激动异常，当夜不能成眠，提笔又写下两首歌词。第二天一大早就去拜访吴宗宪，两人一拍即合，大有相见恨晚之感。

从此，他成为专职的作词人。

不久，又一次机遇降临到他头上。吴宗宪工作室迎来一位初露头角擅长作曲的歌手：周杰伦。吴宗宪让他手下的十几位词人都来写词，然后让周配曲。所有的词作者中，周杰伦最欣赏他的词，他们迅速成为公认的黄金搭档。

不用说，你也知道了，他就是：方文山。

两人的配合默契到了让人惊叹的程度。周杰伦想要音乐有一点李小龙的感觉，方文山就送上《双截棍》；周杰伦想要加一些东瀛的味道，方文山立刻写出了《忍者》。同样，也只有周杰伦飞扬跳脱、不按常理出牌的曲风，才把《爱在西元前》《印地安老斑鸠》这样想象力井喷的词发挥得淋漓尽致，优势互补的结果，造就了一对音乐上的天才。

不久，周杰伦和方文山双双被台湾阿尔发唱片"收购"，两人的发展空间被无限拓展，周杰伦也迅速出位，成为全亚洲的创作新人王，方文山从此也挂上了"御用词人"的头衔。

方文山的歌词风格不同流俗。他把流行音乐从靡靡之音带回了古典与历史的音乐融合、怀旧和真挚的相融，具有独特的韵味。方文山为周杰伦创作的歌词中佳作如云：《龙拳》《双截棍》《爱在西元前》《上海一九四三》《东风破》《七里香》《发如雪》《菊花台》《青花瓷》等。有专家赞道：方文山，是一个值得研究的文化现象。

成名后的方文山依然低调，他只用心做好自己"写歌词"的那份工作，并将这份工作的美，演绎得淋漓尽致。他在自己的励志书《演好你自己的偶像剧》中，总结说：机会比实力重要。不过，紧接着他又补充一句：实力不够的时候，肯定会流失机会。人生中所谓"机遇"，其实是建立在实力基础上的。没有实力，你就没有足够的力量去抓住机遇的手。

命运是公平的，它公正地对待每一个人，你付出多少劳动，它就会给你多少回报。我们每个人都是自己的设计师，在人生的盛大舞会开场之前，我们只能先为自己准备一双合适的舞鞋，随后静待音乐的响起。

积极进取：
打好你手中的牌

> 人生中一切真正好的和坏的东西就都仅仅取决于自己。
>
> ——罗素《西方哲学史·斯多葛主义》

在时间的脉络中，我们唯一能够把握的就是现在，所以，不要牵挂过去，不要担心未来，踏实于现在，努力做好现在的每一件事。

美国第34届总统艾森豪威尔年轻时，脾气相当急躁，一点耐心都没有。平时，他们一家总是一起玩纸牌游戏，当作消遣。一天晚饭后，他像往常一样和家人打牌。这一次，他的运气特别不好，每次拿到的牌都很差。开始时他只是有些抱怨，后来，他实在是忍无可忍了，便发起了少爷脾气，把牌一扔，不打了。站在一旁的母亲看不下去了，说："既然要打牌，你就必须用手中的牌打下去，不管牌是好是坏。好运气是不可能都让你碰上的！"艾森豪威尔听不进去，依然愤愤不平。

母亲于是又说："人生就和这打牌一样，发牌的是上帝。不管你名下的牌是好是坏，你都必须拿着，你都必须面对。你能做的，就是让浮躁的心情平静下来，然后认真对待，把自己的牌打好，力争达到最好的效果。这样打牌，这样对待人生，才有意义！"

艾森豪威尔此后一直牢记母亲的话，并激励自己去积极进取，遇到困难与不幸从不退缩。就这样，他一步一个脚印地向前迈进，相继成为中校、盟军统帅，最后一举登上了美国总统之位。

印度前总统尼赫鲁也曾说过类似的话："生活就像是玩扑克，发到手里的是什么牌是定了的，但你可以决定怎么尽力打好。"所以，在面对问题和挫折时，怨天尤人解决不了任何问题；积极调整好心态，勇敢地迎接人生的挑战，并尽最大的努力去做好每一件事，这才是最佳的选择。

人一出生，上帝就给他一手牌，不管是好是坏，都不可更换，必须要出。好牌，如果出的方法不对，结果也会变坏；坏牌，如果出的方法科学，也会有意想不到的好结果。就看你自己如何出好手中的牌了。牌无所谓好坏，关键看你的心态。

充满自信：
变高贵的旧衣服

> 一个非常自信的人，头脑高超而不介意于世俗的成败。
>
> ——罗素《西方哲学史·苏格拉底》

人的一生不可能一帆风顺，总会存在着这样或者那样的挫折和困难。很多人在面对挫折与困难时，总会对自我的能力评价偏低，从而事事回避，处处退缩，最终变得精神颓废，缺乏幸福感，终日消沉；而有些人则能自信地面对所有的不愉快，凭着自己顽强不屈的性格，最终获得了成功。

有一位女歌手，第一次登台演出，内心十分紧张。想到自己马上就要上场，面对上千名观众，她的手心都在冒汗："要是在舞台上一紧张，忘了歌词怎么办？"越想，她心跳得越快，甚至产生了打退堂鼓的念头。

就在这时，一位前辈笑着走过来，随手将一个纸卷塞到她的手里，轻声说："这里面写着你要唱的歌词，如果你在台上忘了词，就打开来看。"她握着这张纸条，像握着一根救命的稻草，匆匆上了台。也许有那个纸卷握在手心，她的心里踏实了许多。她在台上发挥得相当好，完全没有失常。

她高兴地走下舞台，向那位前辈致谢。前辈却笑着说："是你自己战胜了自己，找回了自信。其实，我给你的，是一张白纸，上面根本没有写什么歌词！"她展开手心里的纸卷，果然上面什么也没写。她感到惊讶，自己凭着握住一张白纸，竟顺利地渡过了难关，获得了演出的成功。

"你握住的这张白纸，并不是一张白纸，而是你的自信啊！"前辈说。

歌手拜谢了前辈。在以后的人生路上，她就是凭着握住自信，战胜了一个又一个困难，取得了一次又一次成功。

这位歌手因为握住了自信，在面对困难的时候，表现出了超常的勇气和魄力，最终功成名就。类似的故事还有很多，下面这个，尤其让人回味：

他是黑人，1963年2月17日出生于纽约布鲁克林贫民区。他有两个哥哥，一个姐姐，一个妹妹，父亲微薄的工资根本无法维持家用。他从小就在贫穷与歧视中度过，对于未来，他看不到什么希望。没事的时候，他便蹲在低矮的屋檐下，默默地看着远山上的夕阳，沉默而沮丧。

13岁的那年，有一天，父亲突然递给他一件旧衣服："这件衣服能值多少钱？""大概一美元。"他回答。"你能将它卖到两美元吗？"父亲用探询的目光看着他。"傻子才会买！"他赌着气说。

父亲的目光真诚中透着渴求："你为什么不试一试呢？你知道的，家里日子并不好过，要是你卖掉了，也算帮了我和你的妈妈。"

他这才点了点头："我可以试一试，但是不一定能卖掉。"

他很小心地把衣服洗净，没有熨斗，他就用刷子把衣服刷平，铺在一块平板上阴干。第二天，他带着这件衣服来到一个人流密集的地铁站，经过六个多小时的叫卖，他终于卖出了这件衣服。

他紧紧攥着两美元，一路奔回了家。以后，每天他都热衷于从垃圾堆里淘出旧衣服，打理好后，去闹市里卖。

如此过了十多天，父亲突然又递给他一件旧衣服："你想想，这件衣服怎样才能卖到20美元？"

"怎么可能？这么一件旧衣服怎么能卖到20美元，它至多值两美元。"

"你为什么不试一试呢？"父亲启发他，"好好想想，总会有办法的。"

终于，他想到了一个好办法。他请自己学画画的表哥在衣服上画了一只可爱的唐老鸭与一只顽皮的米老鼠。这次，他选择在一个贵族子弟学校的门口叫卖。不一会儿，一个管家为他的小少爷买下了这件衣服，那个十来岁的孩子十分喜爱衣服上的图案，一高兴，又给了他5美元的小费。25美元，这无疑是一笔巨款！相当于他父亲一个月的工资。

回到家后，父亲又递给他一件旧衣服："你能把它卖到200美元吗？"父亲目光深邃。

这一回，他没有犹疑，他沉静地接过了衣服，开始了思索。

两个月后，机会终于来了。当红电影《霹雳娇娃》的女主角拉佛西来到纽约做宣传。记者招待会结束后，他猛地推开身边的保安，扑到了拉佛西身边，举着旧衣服请她签名。拉佛西先是一愣，但是马上就笑了，没有人会拒绝一个纯真的孩子。

拉佛西流畅地签完名。他笑着说："拉佛西女士，我能把这件衣服卖掉吗？""当然，这是你的衣服，怎么处理完全是你的自由！"

他"哈"的一声欢呼起来："拉佛西小姐亲笔签名的运动衫，售价200美元！"经过现场竞价，一名石油商人以1200美元的高价买了这件运动衫。

回到家里，他和父亲，还有一大家人陷入了狂欢。父亲感动得泪水横流，不断地亲吻着他的额头："我原本打算，你要是卖不掉，我就叫人买下这件衣服。没想到你真的做到了！你真棒，我的孩子，你真的很棒……"

一轮明月升上山头，透过窗户柔柔地洒了一地月光。这个晚上，父亲与他抵足而眠。

父亲问："孩子，从卖这三件衣服中，你有明白什么吗？"

"我明白了。您是在启发我，"他感动地说，"只要开动脑筋，办法总是会有的。"

父亲点了点头，又摇了摇头："你说得不错，但这不是我的初衷。"

"我只是想告诉你，一件只值一美元的旧衣服，都有办法高贵起来。何况我们这些活着的人呢？我们有什么理由对生活丧失信心呢？我们只不过黑一点、穷一点，可这又有什么关系？"

"是的，连一件旧衣服都有办法高贵，我还有什么理由妄自菲薄呢！"

20年后，他的名字传遍了世界的每一个角落。他的名字叫——迈克尔·乔丹。

连一件旧衣服都有办法高贵，我们还有什么理由妄自菲薄！居里夫人就说过："我们的生活都不容易，但是那有什么关系？我们必须有恒心，尤其要有自信力！我们必须相信我们的天赋是要用来作某种事情的，无论代价多么大，这种事情必须做到。"让我们在灵魂上开一扇天窗，这样，即便是阴雨的天，因为我们学会了创造太阳，也能闻到阳光的馨香！

主宰自己：
掌中的命运线

我们乃是我们自己命运的主人。

　　　　　　　　　　——罗素《西方哲学史·伊壁鸠鲁派》

　　有句谚语说："命运如同手中的掌纹，无论多曲折，终掌握在自己手中。"

　　一次，一个平庸的人去拜会一位事业上颇有成就的朋友，闲聊中谈起了命运。他问朋友道："这个世界到底有没有命运？"朋友说："当然有啊。"他再问："命运究竟是怎么回事？既然命中注定，那奋斗又有什么用？"

　　朋友没有直接回答他的问题，却笑着抓起他的左手，说不妨先看看他的手相，帮他算算命，然后给他讲了一些生命线、爱情线、事业线等诸如此类的话。之后，突然，朋友对他说："把手伸好，照我的样子做一个动作。"朋友的动作就是：举起左手，慢慢地而且越来越紧地握起拳头。末了，朋友问："握紧了没有？"他有些迷惑，答道："握紧啦。"朋友又问："那些命运线在哪里？"他机械地回答："在我的手里呀。"朋友再追问："请问，命运在哪里？"如当头棒喝，他恍然大悟：命运在自己的手里！

　　不管别人怎么跟你说，不管"算命先生们"如何给你算，记住，命运在自己的手里，而不是在别人的嘴里！这就是命运。

　　有一次，一个推销员在纽约街头推销气球。生意稍差时，他就会放出一个气球。当气球在空中飘浮时，就有一群新顾客聚拢过来，这时他的生意又会好一阵子。他每次放的气球都变换颜色，起初是白的，然后是红的，接着是黄的。过了一会儿，一个黑人小男孩拉了一下他的衣袖，望着他，并问了一个有趣的问题："先生，如果你放的是黑色气球，会不会上升？"气球推销员看了一下这个小孩，就以一种同情、智慧和理解的口吻说："孩子，那是气球内所装的东西使它们上升的。"

这个孩子很幸运，他碰到了一位肯给他的人生指引方向的推销员。"气球内所装的东西使它们上升"。同样，也是我们内在的东西使我们进步，关键在于自己，我们有权决定自己的命运！

我们的手中握着失败的种子，也握着迈向成功的潜能。我们有权选择成功，也有权选择平庸，没有任何人或任何事能强迫我们，就看我们如何去选择了。

多年前，在耶路撒冷城外的一座小山上，住着一个老人。据说，对于任何人提出的问题，他都能给予满意的答复。

有一天，有两个小孩跑到这座山玩耍，看到老人正在山上晒太阳。两人想愚弄这个老人一番。

于是，他们捕捉了一只蟋蟀，问老人："蟋蟀是死的还是活的？"

老人不假思索地说："孩子，如果我说蟋蟀是活的，你就会把它捏死。如果我说是死的，你就会松开你的手让它跑掉。这只蟋蟀的生死大权掌握在你的手里。"

比尔·盖茨认为，人生中许多灾难和意外，都是我们意志所种下的种子经过一段时间的酝酿而形成的。而决定命运的种子，就是我们自己的决定。命运往往掌握在我们自己手里，因此即使是一些微不足道的小决定，也会导致严重的后果，而一些小决定累积起来，也会影响大决定的成败。

一位哲人说：人生就是一连串的抉择，每个人的前途与命运，完全掌握在自己手中，只要努力，终会有成就。面对人生过程中不可避免的不幸，要相信这些不幸都会过去的。我们要把"这没有什么了不起的"这句话多重复几次，绝不能因为不幸的打击，就变得憔悴万分。我们应该振作起来，坚强地面对一切，主宰自己的命运。

第七章
人生关怀：快乐是一种选择

好好活着：
向前看的花儿

他（尼采）赞赏意志的力量甚于一切。他说："我按照一个意志所能作出的抵抗的量和它所能忍受的痛苦与折磨的量来检验它的力量，并且我懂得如何对它因势利导。"

——罗素《西方哲学史·尼采》

克劳塞维茨说过："坚强是反映意志对猛烈打击的抵抗力，顽强则是指意志对持续打击的抵抗力。"面对生活的苦痛和坎坷，坚强并且顽强，相信前面会有美好的风景，是我们应该有的生活态度，我们要好好活着！

大热天，花园里的花被晒焦了。

"天哪！快浇点水吧！"小花匠喊着，接着去提了桶水来。

"别急，"老花匠说，"现在太阳大，一冷一热，非死不可，等晚一点再浇。"

傍晚，那盆花已经成了干菜的样子。

"不早浇……"小花匠咕咕哝哝地说，"一定已经死透了，怎么浇也活不了。"

"少啰唆，浇。"老花匠骂。

水浇下去，没多久，已经垂下去的花，居然全站了起来，而且生意盎然。

"天哪！"小花匠喊，"它们可真厉害，憋在那儿，撑着不死。"

"胡说，"老花匠骂，"不是撑着不死，是好好活着。"

"这有什么不同呢？"小花匠低着头。

"当然不同，"老花匠拍拍小花匠，"我问你，我今年八十多了，我是撑着不死，还是好好活着？"

晚饭完了，老花匠把小花匠叫到面前问："怎么样，想通了吗？"

"没有。"小花匠还低着头。

老花匠敲了小花匠一下："笨哪，一天到晚怕死的人，是撑着不死；每天都向前看的人，是好好活着。得一天寿命，就要好好过一天。那些活着的时候天天为了怕死而拜佛烧香，希望死后能成佛的，绝对成不了佛。"

老花匠笑笑："他今生能好好过，都没好好过，老天何必给他死后更好的日子？"

对于花园里的花儿来说，"花匠没浇水"虽然很不如意，但它仍然努力地生长。这盆向前看的花，得一天寿命，便好好过一天，真正理解了生命的意义。

不过，对于大多数人来说，"好好活着"这句话说起来或许很容易，大家可能也都知道这个道理，但是真真正正做起来，还是需要一定的智慧。

有人说，人的一生之中只有三件事，一件是"自己的事"，一件是"别人的事"，一件是"老天爷的事"。今天做什么，今天吃什么，开不开心，充不充实，皆由自己决定；别人有了难题，他人故意刁难，对你的好心故意曲解，别人主导的事，与自己无关；天气如何，狂风暴雨，山石崩塌，人力所不能及的事，只能是"谋事在人，成事在天"，过于烦恼，也是于事无补。

生活是一幅画卷，我们要做好自己的事，要为自己的人生添上缤纷的色彩。当然，其中难免会有不如人意的地方，但你要知道，有烦恼的人生才最真实，关键在你怎么看待。米兰·昆德拉记述过他的老师保尔·哈斯的一段话："在贝多芬的音乐中，有许多惊人薄弱的乐段。但恰恰是这些薄弱处使强有力的乐段大放异彩。它就像一片草坪，要是没有草坪，我们看到从地上长出的漂亮大树时是不会兴奋的。"所以，亲爱的你，请认真对待人生的纷纷扰扰，以你的乐观和积极克服它们，这样，当你日后回忆起来，它们也会成为你的宝贵财富——是它们丰富了你的人生，开拓了你生活的广度！

远离愤怒：
害怕微笑的怪物

"忿怒是盲目的，它并不容你见到任何人的真面目。"

——罗素《西方哲学史·犹太人的宗教发展》

人生在世，一定要有一颗平和的心，切不可遇到什么事都愤怒以对。

一天，奎师那、巴拉茹阿玛和亚都大将军萨提亚克依结伴走到一个地方，天黑了，三人约定，两人睡觉，一人守两个小时。

萨提亚克依站岗时，来了一个茹阿克沙萨，他是一个食人魔。他对萨提亚克依说："我要吃了奎师那和巴拉茹阿玛，如果你不同意，我也吃了你。"萨提亚克依勃然大怒，立即与他缠斗起来，萨提亚克依越打越愤怒，对方越打形象越大，打了两个小时，萨提亚克依筋疲力尽。

巴拉茹阿玛来换岗时，茹阿克沙萨消失了，萨提亚克依累得没有提及此事就休息去了。茹阿克沙萨出现在巴拉茹阿玛的面前，说："我要吃了奎师那和萨提亚克依，如果你阻拦我，我也吃了你。"巴拉茹阿玛一听，雷霆大怒，想吃他俩，没门。抡起大锤就开打，两人战在一处，巴拉茹阿玛怒不可遏，而对方形象越来越大。打了两个小时，巴拉茹阿玛也累得不行了。

该奎师那换岗了，巴拉茹阿玛也没有提及此事就休息去了。奎师那站岗时，茹阿克沙萨又出现了，对奎师那说："我要吃了巴拉茹阿玛和萨提亚克依，如果你拦着我，连你也吃掉。"奎师那一听，放声大笑。对方的形体开始变小，奎师那总是在笑，无论他怎么威胁。最后，他变得像芝麻粒那么小，奎师那拿起他，放在自己的兜里。第二天，萨提亚克依和巴拉茹阿玛想起了这事问奎师那有没有遇到这个怪物，奎师那从兜提中拿出茹阿克沙萨："是他吗？""是啊，怎么变得这么小，和我们厮打时是庞然大物啊，越打他越大啊。"奎师那说："你们越愤怒，他的形体越大，我笑脸相迎，他没有力量了。"

　　愤怒发端于我们，却不受我们的控制，可以传递给另一个人。对方感受到这愤怒，能做的只是使矛头转向，推过去的愤怒又被推了回来。在这一来一往或者来来往往中，愤怒不会减弱，反倒是加强了。因此，智者不会以怒火应对怒火。他们保持微笑，远离愤怒，在外保持一种阳光可亲的状态，在内保持一种平和坦然的心态，使自己和别人都因自己而获得一种祥和。

保持平和：
砸宝壶的老铁匠

依愚见一切人似乎咸宜在意见纷纭当中维持平和。

——罗素《西方哲学史·洛克的认识论》

　　人要获得某方面的成就，就必须学会平心静气，以平和安详的心态面对世间的纷纷扰扰。性情温和、内心安详的人，必然万事顺利；而性格急躁、粗心大意的人，则难以办成大事。

　　古时，有位妇人经常为一些琐碎的小事生气，她也知道这样不好，便去求一位智者为自己谈禅说，开阔心胸。

　　智者听了她的讲述，一言不发，把她领到一间屋子中，上锁而去。妇人气得跳脚大骂。骂了许久，智者也不理会。妇人转而开始哀求，智者仍不听。妇人终于沉默了。智者来到门外，问她："你还生气吗？"

　　妇人说："我只为我自己生气，我怎么会到这个地方来受罪呢？"

　　"连自己都不能原谅的人，怎么能心如止水？"智者拂袖而去。

　　过了一会儿，智者又问她："还生气吗？"

　　"不生气了。"妇人说。

　　"为什么？"

　　"生气也没有办法呀！"

　　"你的气并没有消，还压在心里，爆发后，将会更加剧烈。"智者又离开了。

智者第三次来到门前，妇人告诉他："我不生气了，因为不值得生气。"

"还知道不值得，可见心里还有衡量的标准，还是有'气根'。"智者笑道。

当智者的身影迎着夕阳立在门口时，妇人问他："什么是气？"

智者将手中的茶水倾洒到地上。

妇人看了一会儿，突然有所感悟，于是，她叩谢而去。

"气"，便是一种需要上的失落。生气就是用别人的过错来惩罚自己的一种蠢行。既然如此，又何必生气呢？

贝多芬曾说过：几只苍蝇咬几口，绝不能羁留一匹英勇的奔马。每一位优秀人物的身旁总会萦绕着各种纷扰，对它们保持沉默要比寻根究底明智得多。我们应当保持一种温和平静的心态，从容地面对那些纷扰。

县城老街上有一家铁匠铺，铺里住着一位老铁匠。时代不同了，如今已经没人再需要他打制的铁器，所以，现在他的铺子改卖拴小狗的链子。

他的经营方式非常古老和传统。人坐在门内，货物摆在门外，不吆喝，不还价，晚上也不收摊。你无论什么时候从这儿经过，都会看到他在竹椅上躺着，微闭着眼，手里是一只半导体收音机，旁边有一把紫砂壶。

当然，他的生意也没有好坏之说。每天的收入正够他喝茶和吃饭。他老了，已不再需要多余的东西，因此他非常满足。

一天，一个文物商人从老街上经过，偶然间看到老铁匠身旁的那把紫砂壶，因为那把壶古朴雅致，紫黑如墨，有清代制壶名家戴振公的风格。他走过去，顺手端起那把壶。壶嘴内有一记印章，果然是戴振公的。商人惊喜不已，因为戴振公在世界上有捏泥成金的美名，据说他的作品现在仅存三件：一件在美国纽约州立博物馆；一件在台湾故宫博物院；还有一件在泰国某位华侨手里，是那位华侨1993年在伦敦拍卖市场上，以56万美元的拍卖价买下的。

商人端着那把壶，想以10万元的价格买下它，当他说出这个数字时，老铁匠先是一惊，然后很干脆地拒绝了，因为这把壶是他爷爷留下的，他们祖孙三代打铁时都喝这把壶里的水。

虽然壶没卖，但商人走后，老铁匠有生以来第一次失眠了。这把壶他用了近六十年，并且一直以为是把普普通通的壶，现在竟有人要以10万元的价钱买下它，他转不过神来。

过去他躺在椅子上喝水，都是闭着眼睛把壶放在小桌上，现在他总要坐起来再看一眼，这种生活让他非常不舒服。特别让他不能容忍的是，当人们知道他有一把价值连城的茶壶后，来访者络绎不绝，有的人打听还有没有其他的宝贝，有的甚至开始向他借钱。他的生活被彻底打乱了，他不知该怎样处置这把壶。当那位商人带着20万现金，再一次登门的时候，老铁匠没有说什么。他招来了左右邻居，拿起一把斧头，当众把紫砂壶砸了个粉碎。

现在，老铁匠还在卖拴小狗的链子，据说现在他已经106岁了。

老铁匠是真正体悟到了人生的本质，他的心中已没有名利等身外之物的束缚，只想从容、安静地生活，因此，他才没有一丝犹豫地砸了别人眼里的宝贝，从而活出了自己的诗意人生。

诗意人生，是一种达观，一种洒脱，是一份人生的成熟，一份人情的练达。学会享受诗意人生，才不会终日郁郁寡欢，才不觉得人生活得太累，才能够诗意地栖息在这世间。

节制欲望：
住在木桶里的人

他（第欧根尼）回答说："只要你别挡住我的太阳光。"

——罗素《西方哲学史·犬儒学派和怀疑派》

　　古希腊哲学家第欧根尼过着单纯的生活，他认为除了自然的需要必须满足外，其他的任何东西，包括社会生活和文化生活，都是不自然的、无足轻重的。他强调禁欲主义的自我满足，鼓励放弃舒适环境。作为一个苦行主义的身体力行者，他居住在一只木桶内，过着乞丐一样的生活。每天白天他都会打着灯笼在街上"寻找诚实的人"。第欧根尼揭露大多数传统的标准和信条的虚伪性，号召人们恢复简朴自然的理想状态生活。

　　据说第欧根尼住在一个木桶里，所拥有的所有财产包括这个木桶、一件斗篷、一支棍子和一个面包袋。他躺在光溜溜的地上，赤着脚，胡子拉碴的，半裸着身子，模样活像个乞丐或疯子。可他就是他，而不是别的什么人。

　　大清早，他随着初升的太阳睁开双眼，搔了搔痒，便像狗一样在路边忙开了他的公事。他在公共喷泉边抹了把脸，向路人讨了一块面包和几颗橄榄，然后蹲在地上大嚼起来，又掬起几捧泉水送入肚中。他没工作在身，也无家可归，是一个逍遥自在的人。街市上熙熙攘攘，到处是顾客、商人、奴隶、异邦人，这时他也会在其中转悠一、二个钟头。

　　人人都认识他，或者都听说过他。他们会问他一些尖刻的问题，而他也尖刻地回答。有时他们丢给他一些食物，他很有节制地道一声谢；有时他们恶作剧地扔给他卵石子，他破口大骂，毫不客气地回敬。他们拿不准他是不是疯了。他却认定他们疯了，只是他们的疯各有各的不同；他们令他感到好笑。此刻他正走回家去。

有一天，相貌英俊的亚历山大，披着带金的紫色斗篷，器宇轩昂、胸有成竹地穿过两边闪开的人群，走向了第欧根尼的"狗窝"。他走近的时候，所有的人都肃然起敬，但第欧根尼只是一肘支着坐起来；他进入每一个地方，所有的人都向他鞠躬敬礼或欢呼致意，而第欧根尼一声不吭。

一阵沉默，一个穿着金色铠甲的侍从在第欧根尼耳边说："这是亚历山大大帝，马其顿皇帝，希腊的征服者。快起来向他行礼！你算是走运啦！"

但第欧根尼还是不为所动，这时，亚历山大先开口了。他打量着那可怜的破桶，孤单的烂衫，还有躺在地上那个粗陋邋遢的人，说："第欧根尼，我能帮你忙吗？"

"能。"这个亚历山大眼中衣衫褴褛、肮脏不堪的人懒洋洋地说："请往边上站一点，你挡住了我的阳光。"

一阵惊愕的沉默，慢慢地，亚历山大转过身。那些穿戴优雅的希腊人发出一阵窃笑，马其顿的官兵们判定第欧根尼必定会受到惩罚，也互相用肘轻推着哄笑起来。但亚历山大仍然沉默不语，最后，他对着身边的人平静地说："假如我不是亚历山大，我一定做第欧根尼。"

第欧根尼的教导，一点也没有我们现在所说的"玩世不恭"的东西，而是恰好与之相反，他对"德行"具有一种热烈的感情。他认为与精神世界的安宁比起来，肉体的快乐是无足轻重的。所以，不管你是谁，既然你挡住了我的阳光，那么请你让开。

米兰·昆德拉说："生活正在死去，死于过剩的欲望中。"其实，只要你愿意，你能经常享受到伊丽莎白二世最想得到的生日礼物——一个阳光灿烂的好天气。只要我们舍弃过多的欲望，就让心灵充满阳光。

懂得知足：
不幸福的大财主

没有物质财产是多么地轻松，饮食简朴可以是多么地幸福。

——罗素《西方哲学史·犬儒学派和怀疑派》

罗素认为，幸福不是得到的多，而是我们计较的少。知足常乐的道理，可以说为每个人所熟知，但在现实中，很多人却又做不到。他们往往有这样或那样的诸多需求，无论是物质上还是精神上的，这种种需要让人不得不受制于自然或社会存在的种种条件。

从前，城里住着一位大财主，他拥有十多间店铺，乡下有几百亩出租的田地，又有百多头牛羊，还有十多艘捕鱼船，可以说是家大业大。财主各方面的生意都有人帮助打理，根本不用财主操心。财主平时穿的是绫罗绸缎，吃的是山珍海味，住的是大屋阔院，睡的是宽床高枕，盖的是罗帐锦被，但财主从来没感到快乐，他整天还为家族的产业入息不理想、赚钱太少而烦恼和唉声叹气，经常坐立不安，有时甚至饮食不思，经常睡不着。时间长了，他精神十分疲惫。

在财主家隔壁，有一间小木屋，住户的主人是以理发为生，名字叫阿欢。阿欢他三十出头仍没有妻儿，每天只能赚到"几个银钱"（几文钱的意思）的理发钱，但也够日常的生活费用和小小开支，生活虽然过得清淡一点，但天天无忧无虑十分潇洒，每晚饭后便在小木屋里躺着放声地唱歌曲，直到午夜唱累了便喝一杯白开水，然后一觉睡到第二天的9点钟后才起床，又开始干他那快乐的理发工作。

财主可能是因为过分忧虑生意上的利润，或者因为阿欢晚上唱歌的声音太大了，让他更加难以入睡。有一天早上，财主叫掌柜过来问道："隔壁的'剃头欢'文钱都没有，吃不饱、住不好，又没有妻儿，为什么能够这样开心，每天晚上都在唱歌呢？而我这么多钱仍快乐不起来？我真是不明白。"掌柜微笑地对财主说："因为他知足，所以他常乐！"财主听了沉默了一下便点了点头，然后对掌柜说："怎样才能够让'剃头欢'不会唱歌呢？"掌柜微笑地回应财主，说："这很容易，只要你能借给他十两银子就可以了。""行吗？不行我就扣你的工钱。"财主带着怀疑眼光问掌柜。"行！"掌柜很有信心地回应了财主。"那你明天就借十两银子给他，由你办理。"财主说完就走开了。

第二天中午，掌柜借口到阿欢的理发店刮胡子，跟阿欢聊了一会后便特意地问："阿欢，你剃了二十多年的头，仍然赚不了钱，现在三十出头，连老婆都没有，怎么不改行去做一些小生意呢？"阿欢笑着对掌柜说："我每天只能赚'几个银钱'的理发钱，哪有本钱去做生意呢。""你想不想做生意？"掌柜很认真地问阿欢。阿欢又重复地说："我想，但的确是没有本钱！""如果你想做生意，我可以帮你向我老板借十两银子给你做本钱，利息比别人借钱的稍低一点。"掌柜胸有成竹地对阿欢讲。阿欢喜出望外，惊讶地问掌柜："当真吗？""绝不会假的。"掌柜斩钉截铁地说。这时，阿欢着急地追问："什么时候可以借钱给我？你快说，你快说！""明天上午就可以。"掌柜蛮有把握地说。"好吧，大丈夫一言为定，我今天帮你刮胡子的钱就不收了，以后还要请你喝酒呢！"掌柜刮完胡子后，阿欢便十分高兴地送掌柜，到门口时说："那我明早上去找你。""好的。"掌柜边说边走了。

这天晚上阿欢特别激动，他想：借到了这十两银子后，可以去做生意，以后赚很多的钱，有了钱可以盖房子，可以取一个妻子，以后有人做家务了，还可以让她生儿育女，传宗接代……想着，想着……这个晚上阿欢彻夜难眠，他干脆不睡觉了，一直唱歌唱到天亮。

第二天天还没亮，阿欢就到了财主店铺的门口等开门。直到8点多，财主的店铺开了门，他马上进去找到掌柜，掌柜也很爽快帮他办完了借款手续，然后借了十两的银子给阿欢。从这天上午开始，阿欢真的不理发了，白天他连门都不开了。也就是从这个晚上开始，阿欢的小木屋再也没有了嘹亮的歌声。而财主这晚也好奇地找掌柜一起到阿欢小屋隔壁的墙边，特地来听阿欢是否还会唱歌，他们听了很久都没听到阿欢唱歌的声音时，就互相对视递了一个眼色，然后大笑着回去睡觉。不知道财主是因为真明白了"知足常乐"的道理，还是他妒忌阿欢快乐的心态取得了胜利？从这天晚上开始也渐渐地可以入睡了。

　　十天后的一个晚上，掌柜又到阿欢的小木屋里找阿欢聊天。掌柜说："阿欢，这段时间怎么没听到你唱歌呢？"阿欢苦恼地低声回答："唉！自从你借那十两银子给我之后，我真的不知道用来做什么生意才好？钱又不多，又不懂生意行情，到期后又要归还本息，以后真是不知怎么办呢？现在真烦死我了！哪还有心情唱歌呢？""哈！哈！哈！"掌柜听了捧腹大笑，得意地走出阿欢的屋子。

　　老子在《道德经》中说："祸莫大于不知足。"孟子说："养心莫善于寡欲；其为人也寡欲，虽有不存焉者，寡矣；其为人也多欲，虽有存焉者，寡矣。"许多人不可谓不聪明，但却由于不知足，贪心过重，为外物所役使，每日抑郁沉闷，不知人生之乐。

　　唯有知足，才能获得心灵的安宁，我们要如台湾漫画家蔡志忠所说："如果拿橘子来比喻人生，一种橘子大而酸，一种橘子小而甜，一些人拿到大的就会抱怨酸，拿到甜的又会抱怨小，而我拿到了小橘子会庆幸它是甜的，拿到酸橘子会感谢它是大的"。

第七章　人生关怀——快乐是一种选择

莫要苛求:
寻找完美的伴侣

感觉世界则是不完美的,但它有生命、欲念、属于不完美那类的思想以及热望。

——罗素《西方哲学史·亚里士多德的形而上学》

马塞尔认为,凡是与人有关的问题都不能称之为问题,因为凡是问题就都预设了一种解决的方法,如果找到了方法,问题也就会迎刃而解了。也就是说,我们常常认为生活中存在的许多问题,例如家庭问题、工作问题、学习问题等,都不能称为问题。

但是,人类却又永远都存在问题,因为人本身就是问题的制造者。因此,对于人类,关键在于:接受问题的存在,别去苛求完美。

有个叫伊凡的青年,读了契诃夫"要是已经活过来的那段人生,只是个草稿,有一次誊写,该有多好"这段话,十分神往,打了份报告递给上帝,请求在他的身上做个试验。上帝沉默了一会儿,看在契诃夫的名望和伊凡执着的份上,决定让伊凡在寻找伴侣一事上试一试。

到了结婚年龄,伊凡碰上了一位绝顶漂亮的姑娘,姑娘也倾心于他,伊凡感到非常理想,他们很快结成夫妻。不久,伊凡发觉姑娘虽然漂亮,可她一说话就"豁边",一做事就"翻船",两人心灵无法沟通,他把这一次婚姻作为草稿抹了。

伊凡第二次的婚姻对象,除了绝顶漂亮以外,又加上绝顶能干和绝顶聪明。可是也没多久，他发现这个女人脾气很坏，个性极强，"聪明"成了她讽刺伊凡的"利器"，"能干"成了她捉弄伊凡的手段。他不像她的丈夫，倒像她的牛马、她的工具。伊凡无法忍受这种折磨，他祈求上帝，既然人生允许有草稿，请准予三稿。上帝笑了笑，也允了。

伊凡第三次成婚时，他妻子的优点，又加上了脾气特好一条。婚后两人和睦亲热，都很满意。半年下来，不料娇妻患上重病，卧床不起，一张病态黄脸很快抹去了年轻和漂亮，"能干"如水中之月，"聪明"也一无所用，只剩下了毫无可言的好脾气。

从道德角度看，伊凡应与她厮守终生；但从生活角度看，无疑是相当不幸的，人生只有一次，一次无比珍贵，他试探能否再给他一次"草稿"和"誊写"。上帝面露愠色，但想到是试点，最后还是容许他再作修改。

伊凡经历了这几次折腾，个性已成熟，交际也老练了，最后终于选到了一位年轻漂亮能干、温顺健康、要怎么好就怎么好的"天使"女郎。他满意透了，正想向上帝报告成功，向契诃夫称道睿智，不想"天使"竟要变卦，她了解到伊凡是一个朝三暮四、贪得无厌，连病人也不体恤的浪荡男人，提出要解除婚约。上帝很为难，但为了确保伊凡的试点，没有答应。

"天使"说："我们许多人被伊凡做了草稿，如果试验是为了推广，难道我们就不能有一次草稿和誊写的机会？"上帝理屈，无法自圆，最后只好让伊凡也作为草稿，誊写在外。满腹狐疑的伊凡，正在人生路上踟蹰，忽见前方新竖一杆路标，是契诃夫写的："完美是种理想，允许你修改10次也不会没有遗憾！"

过分苛求完美只能带给自己终身遗憾，人的内心对一些事物、一些人总感觉无法满足，感到不够完美，殊不知，缺憾美正是人生的主旋律。对人生不要苛求太多，释放心中的遗憾吧。

一位名叫奥里森的人希望寻找到完美的人生，他某天有幸遇到了一位女士，她告诉奥里森她能帮他实现愿望，并把他带到了一所房子前让他选择他的命运。

奥里森谢过了她，向隔壁的房间走去。里面的房间有两个门，第一个门上写着"终生的伴侣"，另一个门上写的是"至死不变心"。奥里森忌讳那个"死"字，于是便迈进了第一个门。接着，又看见两个门，左边写着"美丽、年轻的姑娘"，右面则是"富有经验、成熟的妇女和寡妇们"。当然可想而知，左边的那扇门更能吸引奥里森的心。可是，进去以后，又有两个门。上面分别写的是"苗条、标准的身材"和"略微肥胖、体型稍有缺陷者"。用不着多想，苗条的姑娘更中奥里森的意。

奥里森感到自己好像进了一个庞大的分拣器，在被不断地筛选着。下面分别看到的是他未来的伴侣操持家务的能力，一扇门上是"爱织毛衣、会做衣服、擅长烹调"，另一扇门上则是"爱打扑克、喜欢旅游、需要保姆"。当然爱织毛衣的姑娘又赢得了奥里森的心：他推开了把手，岂料又遇到两个门。这一次，令人高兴的是，各位候选人的内在品质也都被分了类，两个门分别介绍了她们的精神修养和道德状态："忠诚、多情、缺乏经验"和"有天才、具有高度的智力"。奥里森确信，他自己的才能已能够应付全家的生活，于是，便迈进了第一个房间。里面，右侧的门上写着"疼爱自己的丈夫"，左侧写的是"需要丈夫随时陪伴她"。当然奥里森需要一个疼爱他的妻子。

下面的两个门对奥里森来说是一个极为重要的抉择：上面分别写的是"有遗产，生活富裕，有一幢漂亮的住宅"和"凭工资吃饭"。理所当然地，奥里森选择了前者。奥里森推开了那扇门，天啊……已经上了马路啦！那位身穿浅蓝色制服的门卫向奥里森走来。他什么话也没有说，彬彬有礼地递给奥里森一个玫瑰色的信封。奥里森打开一看，里面有一张纸条，写着："您已经'挑花了眼'。人不总是十全十美的。在提出自己的要求之前，应当客观地认识自己。"

人生当有不足，因为不完美才让人们有盼头、有希望。古人常说，人生不如意事十之八九，聪明的人常想一二。对幸福理想的追求让我们更有勇气和信心去面对生活，但我们不能把完美作为奋斗的标尺，要学会去接受不完美的世界。只有这样，才能享受到生活的轻松，从平凡中体味到生命的幸福。

换个角度：
走出失恋的悲伤

> 如果我们把人当作一种力量，当作社会结构、价值判断或理智见解的变化原因来考察，便觉得由于最近的事态发展，我们的评价不得不重新大大调整一番，有些人不如已往看来重要了，而有些人却比已往看来重要了。

——罗素《西方哲学史·拜伦》

随着时间的推移，我们会发现事情都变样了，这其中有部分原因是因为看问题的角度不同了。看问题的角度不同，同一件事，便有不同的结论。

有位秀才第三次进京赶考，住在一个曾经住过的店里。考试前两天他做了三个梦，第一个梦是，梦到自己在墙上种白菜；第二个梦是，下雨天时他戴了斗笠还打伞；第三个梦是，梦到跟心爱的表妹躺在一起，但是背靠着背。

这三个梦似乎有些深意，第二天，秀才就赶紧去找算命的解梦。算命的一听，紧蹙了一下眉头，连拍大腿说："你还是回家吧。你想想，高墙上种菜不是白费劲吗？戴斗笠打雨伞不是多此一举吗？跟表妹躺在一张床上了，却背靠背，不是没戏吗？"

秀才一听，心灰意冷，回想起自己前两次的落榜，越想越觉得算命先生说得有道理。于是，他沮丧地走回客店，收拾包袱准备回家。店老板非常奇怪，问："不是明天才考试吗，今天你怎么就回乡了？"秀才将自己做的梦和算命先生的解析向店老板如此这般地说了一遍，没想到店老板听后反而乐了：

"哟，我也会解梦的。我倒觉得，你这次一定要留下来。你想想，墙上种白菜不是高种（中）吗？戴斗笠打伞不是说明你这次有备无患吗？跟你表妹背靠背躺在床上，不是说明你翻身的时候就要到了吗？"秀才一听，觉得更有道理，于是精神振奋地去参加考试，等到揭榜那一天一看，居然中了个探花。

就像一个硬币有正反两面，任何一件事也都有它的两面性，关键在于我们从什么样的角度、用什么样的态度去看待它。积极的人，像太阳，照到哪里哪里亮，即使在阴暗的地方也会找到希望；而消极的人，就像月亮，初一十五不一样，做事不能坚持到底，还喜欢为自己的动摇找借口。想法和态度决定我们的生活，有什么样的想法和态度，就有什么样的未来。

苏格拉底碰见一位年轻人，茶饭不思，精神萎靡，其状甚哀。

苏（苏格拉底）：孩子，为什么悲伤？

失（失恋者）：我失恋了。

苏：哦，这很正常。如果失恋了没有悲伤，恋爱大概也就没有什么味道。可是，年轻人，我怎么发现你对失恋的投入甚至比对恋爱的投入还要倾心呢？

失：到手的葡萄给丢了，这份遗憾，这份失落，您非个中人，怎知其中的酸楚啊。

苏：丢了就是丢了，何不继续向前走去，鲜美的葡萄还有很多。

失：不行，我要等待，等到海枯石烂，直到她回心转意向我走来。

苏：但这一天也许永远不会到来。你最后会眼睁睁地看着她和另一个人走了去的。

失：那我就用自杀来表示我的诚心。

苏：但如果这样，你不但失去了你的恋人，同时还失去了你自己，你会蒙受双倍的损失。

失：踩上她一脚如何？我得不到的别人也别想得到。

苏：可这只能使你离她更远，而你本来是想与她更接近的。

失：您说我该怎么办？我可真的很爱她。

苏：真的很爱？

失：是的。

苏：那你当然希望你所爱的人幸福？

失：那是自然。

苏：如果她认为离开你是一种幸福呢？

失：不会的！她曾经跟我说，只有跟我在一起的时候她才感到幸福！

苏：那是曾经，是过去，可她现在并不这么认为。

失：这就是说，她一直在骗我？

苏：不，她一直对你很忠诚。当她爱你的时候，她和你在一起，现在她不爱你，她就离去了，世界上再没有比这更大的忠诚。如果她不再爱你，却还装得对你很有情谊，甚至跟你结婚，生子，那才是真正的欺骗呢。

失：可我为她所投入的感情不是白白浪费了吗？谁来补偿我？

苏：不，你的感情从来没有浪费，根本不存在补偿的问题，因为在你付出感情的同时，她也对你付出了感情，在你给她快乐的时候，她也给了你快乐。

失：可是，她现在不爱我了，我却还苦苦地爱着她，这多不公平啊！

苏：的确不公平，我是说你对所爱的那个人不公平。本来，爱她是你的权利，但爱不爱你则是她的权利，而你却想在自己行使权利的时候剥夺别人行使权利的自由。这是何等的不公平！

失：可是您看得明明白白，现在痛苦的是我而不是她，是我在为她痛苦。

苏：为她而痛苦？她的日子可能过得很好，不如说是你为自己而痛苦吧。明明是为自己，却还打着别人的旗号。年轻人，德行可不能丢哟。

失：依您的说法，这一切倒成了我的错？

苏：是的，从一开始你就犯了错。如果你能给她带来幸福，她是不会从你的生活中离开的，要知道，没有人会逃避幸福。

失：什么是幸福？难道我把我的整个身心都给了她还不够吗？您知道她为什么离开我吗？

苏：只有她自己心里知道，总是你不够完美吧。

失：可她连机会都不给我，您说可恶不可恶？

苏：可她也有自己选择的权利啊，你应该感到高兴，孩子。

失：高兴？怎么可能呢，不管怎么说，我是被人给抛弃了，这总是叫人感到自卑的。

苏：不，年轻人的身上只能有自豪，不可自卑。要记住，被抛弃的并不是就不好。

失：您真会安慰人，可惜您还是不能把我从失恋的痛苦中引出。

苏：是的，我很遗憾自己没有这个能力。但可以向你推荐一位有能力的朋友。

失：谁？

苏：时间，时间是人最伟大的导师，我见过无数被失恋折磨得死去活来的人，是时间帮助他们抚平了心灵的创伤，并重新使他们的未来有了一个完美的答案。

失：但愿我也有这一天，可我的第一步该从哪里做起呢？

苏：去感谢那个抛弃你的人，为她祝福。

失：为什么？

苏：因为她给了你份忠诚，曾经给过你快乐和幸福。

说完，苏格拉底走了。留下的路便由这位失恋者自己去走了。

在苏格拉底的引导下，这位年轻人站在不同的角度看待失恋一事，最终从悲伤中脱离出来。

其实，大多数人的生活都差不多，很多时候，悲观与乐观只是观察生活的角度不同，转换一下角度，会活得更轻松一些。

乐观与悲观：
人生的半杯水

甚至最得志的人也常常被失意和死的想法缠住心。

——罗素《西方哲学史·尼采》

人生于世，究竟有什么意义？人来世上走一遭，就是要感受生活的乐趣。通过自我修炼和琢磨，谁能最大限度地让自己快乐起来，尽可能多地感受生活的美好，谁就是成功的人。不过这里的"成功"所蕴涵的内容，比人们的一般性理解要丰富得多——除了做事成功之外，做人也要成功，才算取得了完整的成功。

如果说做事成功是一种外在成功的话，那么做人成功就属于内在的成功。而做人最重要的一点，就是要让自己活得开心。人们生活于尘世，都不免会出现心理问题，诸如烦恼、忧虑、郁闷、痛苦和恐惧等。生活就是要同一切不良情绪作斗争，人生的过程就是摆脱种种心理困扰的过程。

在很早以前，一个村子里有两个人，都想要通过茫茫的戈壁到沙漠的另一边的绿洲去开拓新的生活。而且他们都知道在沙漠的中间有一座暹罗人留下的古堡遗址，传说神秘的暹罗人的后代，经常在那里出没，并且经常在古堡旁边的两条小路上，分别放着两杯清水，专给穿越沙漠的人救命用。

有一年的夏天，他们两个决定：要去沙漠的另一边的绿洲去开拓生活。他们在后来的三天里，分别出发了，分别开始了穿越茫茫沙漠的开拓新生活壮举。

第一个人，当他走到古堡的时候，水已经喝完了，他轻而易举地找到了那个水杯。但是，当他发现只有半杯水的时候，他就开始了抱怨、诅咒、谩骂，恨前边走过的人怎么喝了杯子里的半杯水，也骂暹罗人的吝啬。突然，天公作怒，一阵强风，飞起的沙粒落在了水杯里，当他还在那抱怨水里有了沙子怎么喝呀的时候，一阵狂风把他手中的水杯刮走了，水洒落在沙粒中。在他抱怨间，就连这半杯水，他都没有喝上。不久，他就死在了沙漠里。

第二个人，当他走到古堡的时候，水也已经喝完了，而且精疲力竭。他挣扎着找到了那个水杯。当他看到杯子里还有半杯水的时候，他立即端起水杯一饮而尽。然后他跪在地上感谢上天，感谢暹罗人的救命之恩。少顷，狂风大作，沙尘霏霏。他躲藏在古堡的残垣断壁下，养息着；风停了，他走出了沙漠，看到了绿洲，过上了幸福的新生活。

同样的半杯水，第一个人看到的是缺少的那一半，他的悲观和抱怨最后导致了死亡；而第二个人却看到了拥有的那一半，乐观和感恩的心态让他走出了沙漠，过上了新的生活。这告诉我们，人生，只看到缺少的那一半，就是在扼杀快乐，就是在折磨自己。快乐之道在于，要看到拥有的那一半，总想着拥有的那一半。

这个道理就如同有两个"狱友"同时仰望牢房内的天窗，有一个只看见天窗上爬满了蜘蛛网，另一个却看见窗外星空璀璨。所以，外界事物的变幻对不同的心态的人们会形成完全不同的投影成像效果。聪明的人会以坦然平和的心态接受突来的变故，能找一个"安全通道"释放自己郁闷的心情；愚蠢的人遭遇不幸，就像是严冬里失足落河的醉汉，他不懂得先脱掉笨重的棉大衣奋力地游向对岸，却在水里一边呛着水一边诅咒和抱怨寒冷的河水。

半杯水，可以使你看作是心满意足的解渴，也可以使你看作是知足常乐的惬意；它可以让你顿悟人生的不足而奋发图强，也可以让你领悟人生的不圆满而永远都积极向上。半杯水的人生，暗藏着知识的沉淀，也隐藏着才华的凸显，但需要你才思敏捷的发现自我而勇往直前。

透过半杯水看你自己的人生，一定会看得清清楚楚、真真切切的，已经剩下的半杯水的就要好好珍惜，不满的部分就要想方设法地掬满。

第八章

为人处世：做一个正直的人

静察己过：
捡回所有的鸡毛

他（恢宏大度的人）也不是一个说长道短的人，因为既然他不想受人赞扬也不想指责别人，所以他就既不谈论他自己也不谈论别人。

——罗素《西方哲学史·亚里士多德的伦理学》

常言道："独处静思己过"，讲的是沉静下来要经常自省自己的过失，进而以是克非、为善去恶，这是儒家倡导的道德修养的重要方法。

传说夏朝的时候，一个背叛朝廷的诸侯有扈氏率兵入侵夏的都城，夏禹派他的儿子伯启抵抗，结果伯启被打败了。伯启的部下很不服气，就对伯启说："有扈氏使用诡计，否则我们怎么会输。现在如果我们继续进攻，一定会赢。"但是，伯启却说："不必了，我的兵比他多，地也比他大，却被他打败了，这一定是我的原因。可能是我的德行不如他，带兵方法不如他的缘故。从今天起，我一定要努力改正过来才是。"从此以后，伯启每天很早便起床，亲自操练军队。此外，他还任用有才干的人，尊敬有品德的人，为求得贤良的辅佐，亲自上门求教。过了一年，有扈氏知道了，不但不敢再来侵犯，反而自动投降了。

当你遇到失败或挫折时，假如能像伯启那样，肯从自己身上找原因，虚心地检讨自己，并能马上改正自己的不足，那么最后的成功，一定是属于你的。

一位年轻人去看医生，抱怨生活没有趣味，工作压力大，心灵好像已经麻木了。

医生问年轻人："小时候你最喜欢什么地方？"

"我最喜欢海边。"年轻人回答。

医生接着说："拿这三个处方到海边去，你必须在早上9点、中午12点和下午3点分别打开这三个处方。"

这位年轻人身心俱疲地拿着三个处方来到了海边。

年轻人抵达海边时刚好接近9点，他赶紧打开第一个处方，上面写道："专心倾听。"他开始试着去倾听，不久就听到以往从未听见的声音。他听到波浪声，听到海鸟的叫声，甚至听到沙蟹的爬动。一个崭新、令人迷恋的世界向他展开，让他整个安静下来。

中午时分年轻人已陶醉其中，他很不情愿地打开第二个处方，上面写着："回想。"于是他回想起儿时在海边嬉戏，与家人一起拾贝壳的情景。

近下午3点时，他正沉醉在尘封的往事中，温暖与喜悦的感受，使他不愿去打开最后一张处方。但他还是拆开了。

上面写着："回顾你的动机。"他开始反省，浏览生活、工作中的每件事、每个人。他发现造成疲倦、无聊、空虚、压力的原因，并不在于生活和工作本身，而在于自己内心的不平静。

从上面这个故事可以看出，"静察己过"，只有足够的"静"，才能深察自己的过错。与独处静思己过同样重要的，还有"闲谈莫论人非"，也就是说，闲谈的时候莫议论别人的是非得失。

圣菲亚斯是16世纪深受爱戴的罗马牧师。无论是贵族还是平民，大家都很喜欢跟随他的左右，因为他是那么富于智慧而且善解人意。

有一次，一位年轻的女孩来到圣菲亚斯面前，向他倾诉自己的苦恼。其实女孩心地不坏，只是她常常说三道四，喜欢说些无聊的闲话。这些闲话传出去后，往往会给别人造成许多伤害。久而久之，人们都远离她了。因为没有朋友，所以，她觉得很孤独。

圣菲亚斯对女孩说："你不应该谈论他人的缺点，我知道你也为此苦恼，现在我命令你要为此赎罪。你到市场上买一只母鸡，走出城镇后，沿路拔下鸡毛并四处散布。你要一刻不停地拔，直到拔完为止。你做完之后，就回到这里告诉我。"

女孩觉得这是非常奇怪的赎罪方式，但为了消除自己的烦恼，她没有任何异议。她买了鸡，走出城镇，并遵照吩咐拔下鸡毛。然后她回去找圣菲亚斯，告诉他自己按照他说的做了一切，圣菲亚斯说："你已完成了赎罪的第一部分，现在要进行第二部分。你必须回到你散布鸡毛的路上，捡起所有的鸡毛。"

女孩照做了，可在这时候，风已经把鸡毛吹得到处都是了。她只捡回了一些，无法捡回所有的鸡毛。

女孩回来说："我没能捡回所有的鸡毛。"

圣菲亚斯说："没错，我的孩子，你是无法捡回所有的鸡毛。你那些脱口而出的愚蠢话语不也是如此吗？你不也常常从口中吐出一些愚蠢的谣言吗？你有可能跟在它们后面，在你想收回的时候就收回吗？"

女孩说："不能。"

"那么，当你想说些别人的闲话时，请闭上你的嘴，不要让这些邪恶的羽毛散落路旁。"圣菲亚斯说。

在生活中我们要注意控制自己的言行和情绪，尤其在想谈论别人的缺点或想说别人的坏话时，更应当注意克制自己。因为有些话一旦说出来，就好像扔出去的鸡毛一样，不是想收回就能收回的。

诚实守信：
两国的不同命运

> 他（恢宏大度的人）尽情地议论，因为他鄙夷一切，并且他总
> 是说真话的，除非是当他在对庸俗的人说讽刺话的时候。
>
> ——罗素《西方哲学史·亚里士多德的伦理学》

诚信是一种品质，我们不管在哪一个方面，都要讲究诚信。诚信是福，一个拥有诚信的人不管在事业方面，还是在生活方面都会取得成功。所以，诚信是一个人最为重要的美德。

战国七雄中，秦国在政治、经济、文化各方面都比中原各诸侯国落后。近邻的魏国就比秦国强，还从秦国夺去了河西一大片地方。

公元前361年，秦国的新君秦孝公即位。他下决心发愤图强，首先搜罗人才。他下了一道命令，说："不论是秦国人或者外来的客人，谁要是能想办法使秦国富强起来的，就封他做官。"秦孝公这样一号召，果然吸引了不少有才干的人。有一个叫公孙鞅（就是后来的商鞅）的卫国人，在魏国宰相公叔痤手下当官，公叔痤临终前将他推荐给魏惠王，但没有得到重用。商鞅便来到秦国，托秦孝公宠臣景监的引荐，得到秦孝公的接见。

商鞅对秦孝公说："一个国家要富强，必须注意农业，奖励将士；要打算把国家治好，必须有赏有罚。有赏有罚，朝廷有了威信，一切改革也就容易进行了。"秦孝公完全同意商鞅的主张。可是秦国的一些贵族和大臣却竭力反对。秦孝公一看反对的人这么多，自己刚刚即位，怕闹出乱子来，就把改革的

事暂时搁了下来。

过了两年，秦孝公的君位坐稳了想实行改革，改革制度的事全由左庶长商鞅拿主意。商鞅起草了一个改革的法令，但是怕老百姓不信任他，不按照新法令去做，就先叫人在都城的南门竖了一根三丈高的木头，下命令说："谁能把这根木头扛到北门去的，就赏十两金子。"不一会，南门口围了一大堆人，大家议论纷纷。有的说："这根木头谁都拿得动，哪儿用得着十两赏金？"有的说："这大概是左庶长成心开玩笑吧。"大伙儿你瞧我，我瞧你，就是没有一个敢上去扛木头的。

商鞅知道老百姓还不相信他下的命令，就把赏金提到五十两。没有想到赏金越高，看热闹的人越觉得不近情理，仍旧没人敢去扛。正在大伙儿议论纷纷的时候，人群中有一个人跑出来，说："我来试试。"他说着，真的把木头扛起来就走，一直搬到北门。商鞅立刻派人传出话来，赏给扛木头的人五十两黄澄澄的金子，一分也没少。这件事立即传了开去，一下子轰动了秦国。老百姓说："左庶长的命令不含糊。"

商鞅知道，他的命令已经起了作用，就把他起草的新法令公布了出去。新法令赏罚分明，规定官职的大小和爵位的高低以打仗立功为标准。贵族没有军功的就没有爵位；多生产粮食和布帛的，免除官差；凡是为了做买卖和因为懒惰而贫穷的，连同妻子儿女都罚做官府的奴婢。

秦国自从商鞅变法以后，农业生产增加了，军事力量也强大了。不久，秦国进攻魏国的西部，从河西打到河东，把魏国的都城安邑也打了下来。

而同样在商鞅"立木为信"的地方，在早它400年以前，却曾发生过一场令人啼笑皆非的"烽火戏诸侯"的闹剧。

公元前781年周宣王去世，周幽王即位。周幽王昏庸无道，到处寻找美女。大夫越叔带劝他多理朝政，周幽王恼羞成怒，革去了越叔带的官职，把他撵出去了。这引起了大臣褒响的不满。褒响来劝周幽王，但被周幽王一怒之下关进监狱。

褒响在监狱里被关了三年。其子将美女褒姒献给周幽王，周幽王才释放褒响。周幽王一见褒姒，喜欢得不得了。褒姒却老皱着眉头，连笑都没有笑过一回。周幽王想尽法子引她发笑，她却怎么也笑不出来。虢石父对周幽王说："从前为了防备西戎侵犯我们的京城，在翻山一带建造了二十多座烽火台。万一敌人打进来，就一连串地放起烽火来，让邻近的诸侯瞧见，好出兵来救。这时候天下太平，烽火台早没用了。不如把烽火点着，叫诸侯们上个大当。娘娘见了这些兵马一会儿跑过来，一会儿跑过去，就会笑的。您说我这个办法好不好？"

周幽王眯着眼睛，拍手称好。烽火一点起来，半夜里满天全是火光。邻近的诸侯看见了烽火，赶紧带着兵马跑到京城。听说大王在细山，又急忙赶到细山。没想到一个敌人也没看见，也不像打仗的样子，只听见奏乐和唱歌的声音。大家我看你，你看我，都不知道是怎么回事。周幽王叫人去对他们说："辛苦了，各位，没有敌人，你们回去吧！"诸侯们这才知道上了大王的当，十分愤怒，各自带兵回去了。

褒姒瞧见这么多兵马忙来忙去，于是笑了。周幽王很高兴，赏赐了虢石父。隔了没多久，西戎真的打到京城来了。周幽王赶紧把烽火点了起来。这些诸侯上回上了当，这回又当是在开玩笑，全都不理他。烽火点着，却没有一个救兵来，京城里的兵马本来就不多，只有一个郑伯友出去抵挡了一阵。可是他的人马太少，最后给敌人围住，被乱箭射死了。周幽王和虢石父都被西戎杀了，褒姒被掳走。

一个"立木取信"，一诺千金；一个帝王无信，戏玩"狼来了"的游戏。结果前者变法成功，国强势壮；后者自取其辱，身死国亡。可见，"信"有着非常重要的作用。台湾作家三毛就说过："人际关系最重要的，莫过于真诚，而且要出自内心的真诚。真诚在社会上是无往不利的一把剑，走到哪里都应该带着它。"

诚信需要坚持，只有坚持才会提高，只有坚持才能保持自己不变的品德——在诚实中可以改善自己的身心，磨炼自己的耐力，这不是一个两全其美的事吗？

平等待人：
白人遭遇的尴尬

你不愿意旁人对你做的事，你也不要对旁人做。

——罗素《西方哲学史·尼采》

"己所不欲，勿施于人"是指：自己不想要的东西，切勿强加给别人。孔子所强调的是，人应该宽恕待人，应提倡"恕"道，唯有如此才是仁的表现。"恕"道是"仁"的消极表现，而其积极表现便是"己欲立而立人，己欲达而达人"。孔子所阐释的仁以"爱人"为中心，而爱人这种行为当然就包括宽恕待人这一方面。《论语》中提道：夫子之道，忠恕而已矣。

在非洲一个国家，白人政府实施"种族隔离"政策，不允许黑皮肤人进入白人专用的公共场所。白人也不喜欢与黑人来往，认为他们是低贱的种族，避之唯恐不及。

有一天，有个长发的外国白人女孩在沙滩上晒日光浴，由于过度疲劳，她睡着了。当她醒来时，太阳已经下山了。

此时，她觉得肚子很饿，便走进沙滩附近的一家餐馆。

她推门而入，选了张靠窗的椅子坐下。她坐了约15分钟，没有侍者前来招待她。她看着那些招待员都忙着侍候比她来的还迟的顾客，对她则不屑一顾。她顿时怒气满腔，想走向前去责问那些招待员。

当她站起身来，正想向前时，眼前有一面大镜子。她看着镜中的自己，眼泪不由夺眶而出。

原来，她已被太阳晒黑了。

此时，她才真正体会到黑人被白人歧视的滋味！

这是一个真实的故事，它告诉我们，人应该有宽广的胸怀，待人处事之时切勿心胸狭窄，而应宽宏大量，宽恕待人。倘若自己所讨厌的事物，硬推给他人，不仅会破坏与他人的关系，也会将事情弄得僵持而不可收拾。人与人之间的交往确实应该坚持平等原则，这是尊重他人的体现。人生在世，除了关注自身的存在以外，还得关注他人的存在，人与人之间是平等的，切勿将己所不欲施于人。

"己所不欲，勿施于人"，这是一种高尚的人格修养，也是一种同情心的表现。在与人交往的过程中，要能够体会他人的情绪和想法、理解他人的立场和感受，并站在他人的角度思考和处理问题。这就是一种平等的观念，一种尊重的表现。

一个孩子，在学校时的功课差极了，老师说他的智力有问题。看上去，孩子的确有些沉默寡言，他可以一个人坐在屋前的花园里看着花草小虫很长时间。他的父亲教训他："除了打猎、养狗、捉老鼠以外，你什么都不操心，将来会有辱你自己，也会有辱你的整个家庭。"

他的姐姐也看不起这个学习成绩平平、行为怪异的兄弟。他在家庭中是一个不受欢迎的人。

但是他的母亲很爱他，也很尊重他。她想如果孩子没有那些乐趣，不知道他的生活还会有什么色彩。她对丈夫说："你这样对他不公平，让他慢慢学会改变吧。"

丈夫说："你这是溺爱，不是教育，你会毁了他的一生。"但她却固执己见，他是她的孩子，需要她的理解和鼓励。

她支持孩子到花园中去，还让孩子的姐姐也去。母亲耍了一个小心机，她对孩子和他的姐姐说："比一下吧，孩子，看谁从花瓣上先认出这是什么花？"孩子要比他的姐姐认得快，于是她就吻他一下。这对孩子来说，是多么令人兴奋的一件事，他回答出了姐姐无法回答的问题。他开始整天研究花园的花草、蝴蝶，甚至观察到了蝴蝶翅膀上的斑点的数量。

对于她的做法，她的丈夫觉得不可理喻，认为那种疼爱是无助无望的，除了暂时麻醉孩子之外，根本毫无益处。但是，就是这位醉心于花草之中的孩子，多年后成为生物学家，创立了著名的"进化论"。他就是达尔文。

人生在世，不仅要善待自己，更要善待别人。人往往是自私的，普通人大都有这样的通病：自己不愿意的，却推给别人。世界是由许多人组成的一个整体，人与人之间需要尊重和理解。我们可能有权利非公平地对待其他人，但这种非公平的态度，将会使我们最终"自食其果"，因为别人也会可能用同样的方式对待你。

"己所不欲，勿施于人。"谨记这句可以履践终生的箴言，你将受益一生。

以直报怨：
经济学家的选择

"憎受到憎回报则增强，但反之能够被爱打消。"

——罗素《西方哲学史·斯宾诺莎》

儒家思想讲究"恕道"，严于律己，宽以待人，相信只要用心去感化，坏人也能变为好人。可是，对方真的会从你的"宽容"中醒悟过来吗？

有一天，著名经济学家茅于轼陪一位外宾去北京西郊戒台寺游览。他们叫了一辆夏利出租车，来回走90多公里，加上停车等待约2个小时，总计价245元。但茅先生发现司机没有按来回计价。按当时北京市的规定，夏利车行驶超过15公里之后每公里从1.6元加价到2.4元。其理由是假定出租车已驶离市区，回程将是空车。但对于来回行驶的计价，因不会发生空驶，全部计价应按1.6元。显然，司机多收费了。

此时茅先生有两种选择。一是拒绝付款，并告诉司机他违了规，他将不得不屈从。因为如果茅先生去举报，他将被处以停驶一段时间的处罚，损失更大；第二种选择是告诉他违规，但仍按规定给他付款。茅先生选择了后者，算下来应付180元，另加停车场收费5元。

这件事涉及人与人相处的一个原则问题，即当你被别人以不正当的手段对待时，你应如何反应。

有一种办法，叫作"以其人之道，还治于其人之身"，也就是以怨报怨。你不守信用，我也不守信用；你欺骗我，我也欺骗你。用这种方法来教训那些办坏事或破坏规则的人，他们吸取了教训或许会改辕易辙。

第二种方法，叫作"以德报怨"。你对我搞阴谋诡计，我仍旧对你友好。基督说，如果有人打你的左脸，你应把右脸也让他打。用这种胸怀和博爱去感化对方。基督相信人之初性本善，每个人都有善的基因，只要有足够的力量去启动，坏人也能变为好人。

上述两种办法截然相反，但都有它们的道理。仔细想来确实叫人感到惊奇。两种极端都有道理，处于中间的对策也决不会错。其结果是怎么做都可以。如何对待坏人真的就没有有效办法了吗？有没有既非以怨报怨，又非以德报怨的办法？有的，就是孔子说的：以直报怨。孔子反对以德报怨，因为这样做的话，对坏人也施以德，对好人也施以德，变成没有区别。这于理不合。孔子提出的以直报怨包含两重意思，一是要用正直的方式对待破坏规则的人，二是要直率地告诉对方，你什么地方办错了事。出租车司机多收费，以怨报怨就是拒绝付款；以德报怨就是再给他一笔小费；以直报怨则仍按规定付款，但要告诉他犯了规，以后改正。

以怨报怨并不错，甚至应该说是一种相当有效的制裁坏人的办法。法律对坏人的制裁就是顺这条思路来的。但是光靠法律很难把坏人改造成好人。所以在监狱里还要有对犯人的尊重、教育，甚至爱护，这才能使犯人出狱之后幡然醒悟，重新做人。这说明为什么孔子既不赞成以德报怨，也不赞成以怨报怨，而要以直报怨。人与人之间的事大多数还涉及不到法律，出租车司机多收钱，也只能说犯规，而不能说犯法。对于这许多法律之外的事，更需要"以直报怨"。

以怨报怨还会产生一个危险的后果。拿出租车司机多收钱的例子看，如果茅先生以他犯规为借口拒绝付费，他吃了哑巴亏，没处告状，心中会产生不平，而且很可能得出这样的结论：这个世界就是黑吃黑。他以后得到机会一定会更狠地宰客，以补偿他这次的损失。如果人与人之间的关系普遍用这种原则处理，人人都要随时提防别人的暗算，这个世界将变得相当可怕，它肯定不是我们希望生活在其中的一个世界，不是一个理想的世界。

以德报怨：
来自瓜田的和平

"我们不应该对任何人以怨报怨，无论我们从他那里受了什么怨。"

——罗素《西方哲学史·柏拉图的不朽论》

我们常常挂在嘴边的一句话是："以其人之道还治其人之身"。大意是说，你怎样对待我，我就怎样回敬你。你给我造成了伤痛，让我饱受煎熬，我也要让你尝尝痛苦的滋味。

可是不要忘了，中国还有一句古话："冤冤相报何时了！"天下没有解不开的结，相比之下，以德报怨更值得赞同。

有一位得道高僧，住在深山中继续修行。有一天，高僧见月色很美，就趁着月色到林中散步。不料，他回来时，发觉自己的茅舍正在遭小偷的光顾。高僧怕惊动小偷，一直在门口等待，他知道小偷在他这儿不可能找到任何值钱的东西，早把自己的外衣脱掉拿在手上。找不到任何财物的小偷离开时，在门口遇到了高僧。高僧说："你走这么远来探望我，总不能让你空手回去呀！夜凉了，你穿上这件衣服走吧。"说着，就把外衣披在小偷身上。小偷低着头走了。

第二天，这位得道高僧看到他披在小偷身上的外衣被整齐地叠好放在门口。

所谓"慈悲没有敌人，智慧没有烦恼"。真正的慈悲不只是爱你所爱的人，还能宽恕、爱护你的仇敌；而如此宽厚的胸襟则来自人我一体，爱人如己的智慧。当别人以恶劣、无理的态度相向时，我们要学习以慈悲去包容，以理智去面对！

魏国边境靠近楚国的地方有一个小县，一个叫宋就的大夫被派往这个小县去做县令。

两国交界的地方住着两国的村民，村民们都喜欢种瓜。这一年春天，两国的边民又都种下了瓜。

不巧这年春天，天气比较干旱，由于缺水，瓜苗长得很慢。魏国的一些村民担心这样旱下去会影响收成，就组织一些人，每天晚上到地里挑水浇瓜。

连续浇了几天，魏国村民的瓜地里，瓜苗长势明显好起来，比楚国村民种的瓜苗要高不少。

楚国的村民一看到魏国村民种的瓜长得又快又好，非常嫉妒，有些人晚间便偷偷潜到魏国村民的瓜地里去踩瓜秧。

魏国的村民发现了这件事，非常气愤，于是请求县令，也想偷偷前去报复破坏楚国的瓜田。

宋县令忙请村民们消消气，让他们都坐下，然后对他们说：

"我看，你们最好不要去踩他们的瓜地。"

村民们气愤已极，哪里听得进去，纷纷嚷道：

"难道我们怕他们不成，为什么让他们如此欺负我们？"

宋就摇摇头，耐心地说：

"如果你们一定要去报复，最多解解心头之恨，可是，以后呢？他们也不会善罢甘休，如此下去，双方互相破坏，谁都不会得到的一个瓜的收获。"

村民们皱紧眉头问：

"那我们该怎么办呢？"

宋就说：

"你们每天晚上去帮他们浇地，结果怎样，你们自己就会看到。"

村民们只好按宋县令的意思去做，楚国的村民发现魏国村民不但不记恨，反倒天天帮他们浇瓜，惭愧得无地自容。

这件事后来被楚国边境的县令知道了，便将此事上报楚王。楚王原本对魏国虎视眈眈，听了此事，深受触动，甚觉不安，于是，主动与魏国和好，并送去很多礼物，对魏国有如此好的官员和国民表示赞赏。

魏王见宋就为两国的友好往来立了功，也下令重重地赏赐宋就和他的百姓。

在人生的旅途中，我们会遇到不少误入迷途的人。就如故事中的场景，如果宋就同意村民前去破坏楚国的瓜田，恐怕会落得个兵戎相见的下场。但是宋县令没有，他以德报怨，用一颗善良包容的心，唤醒了楚国村民心中的良知，最后还为魏国拉拢了楚国。这大概就是："对我有恩的人，我用付出去回报他；对我有怨恨的人，我也用自己的恩德去感化他"了吧。子曰："为政以德，譬如北辰，居其所而众星共之。""德"的力量之大，可见一斑。

宽容谦和：
胜出的哈佛女孩

> 我没听说他（斯宾诺莎）有哪一次，尽管遇上非常惹人生气的事，曾陷入自己的伦理观所谴责的那种激愤和恼怒里。在与人争论当中，他谦和明理，决不进行非难，但是竭尽全力来说服对方。
>
> ——罗素《西方哲学史·斯宾诺莎》

孟子有句名言："天时不如地利，地利不如人和。"这说明古人已十分懂得，不管做什么事情，纵然需要各种条件，但"人和"始终还是最重要的。在现实生活中，我们也常常看到，一个集体，如果人际关系比较和谐，就会起到向心作用，促进能力互补和能力强化。相反，人际关系紧张，人们之间相互猜疑防范，就会产生消极影响。所以说，我们要学会搞好人际关系，而为人宽容谦和，是最基本的一步。

有这样一则宽容谦和的故事：

一位小伙子买了一份快餐放在餐桌上，又去取汤，当他返回时发现自己的座位上坐着一位白发老人正在吃自己刚买的那份快餐。他正要发作，但转念一想：也许他太饿了，还是让他吃吧。不过，我也不能让他独享，于是小伙子装着若无其事的样子，与老汉同桌同坐同吃一份快餐。盘中食物快吃完了，老汉起身买来两份面包，一份放在小伙子面前，示意他继续吃。吃完后各自起身，各自说"再见"。老汉走了，小伙子突然发现旁边一张餐桌上放着一份快餐，正是他原先买好的那一份。小伙子恍然大悟，赶紧去追老汉，老汉却消失在熙熙攘攘的人群中。

世界就是一面大镜子，照着别人也照着自己，每个人只要对人谦和，别人也与你为善。而谦和需彼此之间以宽容相待。宽容能打开两颗相对封闭的心灵，像一种明澈而柔润的调剂，使之相容相知。懂得宽容的人生是高雅的，宽容舒展了沉郁已久的思绪，如一缕轻风，将自己拂作一朵雪白的云，游于碧空之上，悠然自得。

朱成，上海女孩，2001年从北京大学毕业后，被哈佛大学教育学院以全额奖学金录取。2006年4月，朱成参加了哈佛大学研究生院学生会主席的竞选活动。美国有7位总统毕业于哈佛，其中又有3位总统担任过学生会主席。这一职务，有"哈佛总统"的美誉。

竞选由各个研究生院推选47名代表参加，环节众多。朱成以其成熟和干练的作风顺利进入了前4名。她的对手是三名美国博士生：哈恩、吉米克和桑斯。

桑斯位列第四，很多人以为他将退出选举，可没想到，他却突然来了个"杀手锏"。5月3日，桑斯召开新闻发布会，对前三名候选人进行了猛烈攻击。他爆出三名竞争对手的个人隐私，而对朱成的攻击是：她在2005年夏天，以救助一位南非孤儿为名，侵吞了大量捐款，而那位南非孤儿现在仍然流落纽约街头。

桑斯发布的新闻使哈佛为之震动，研究生院很多激进组织马上召开集会，要求立即取消三名候选人的资格。

朱成也受到了很多选民的质疑。可谣言很快烟消云散，朱成资助的南非孤儿出面澄清了此事。桑斯被证实有说谎的嫌疑，胜利的天平又倾向了朱成。

而哈恩和吉米克，为了报复桑斯先前的"毁灭性打击"，也曝光了桑斯在一家中国超市被警察询问的录像，并怀疑他有偷窃行为。一时间，桑斯百口难辩，这似乎又对朱成有利。

在竞选的最后关头，4个竞选者一起召开了新闻发布会。哈恩、吉米克和桑斯都显得有些沮丧，只有朱成依旧露出端庄的微笑。她走上台说："同学们，我今天想先告诉大家一件事情，就是关于桑斯在超市'行窃'的事。"

她的话，让所有人屏住了呼吸，桑斯更是因为惶恐而攥紧了拳头。朱成继续说道："我去中国超市问清了整个事情的经过，事实上，桑斯并不是因为行窃而被警察询问，而是帮助老板抓到了小偷……"

霎时，发布会现场一片哗然。桑斯惊讶地抬头看了看朱成，微张着嘴，想说什么，却欲言又止。哈恩和吉米克则有些沮丧，他们实在不明白朱成为什么要帮助对手澄清丑闻。难道她不明白，一旦他重获清白，就会成为朱成最大的对手。

是呀，谁愿意去帮助自己的对手？

竞选形势再一次发生变化。助理埋怨朱成帮了对手一个大忙，朱成只是淡淡地笑了笑："我只是希望这次竞争能够公平一些，这样赢得的胜利才有意义。"

投票前 15 分钟，桑斯宣布了自己退出的消息，并且号召自己的支持者把票投给朱成。他说，他无法像朱成那样真诚与宽容，他已经输掉了竞选。如果朱成竞选成功，自己愿意做她的助理，全力协助她在学生会的工作……

2006 年 6 月 8 日，朱成力挫群雄，以 62.7% 的支持率成了哈佛学生会主席。这是哈佛 300 多年历史上第一位中国籍学生担任此职。

一个宽容的人，才愿意去帮助对手，但最终又会因强大的人格力量而赢得对手。宽容体现了人格，它将友爱、体贴、理解与气度凝缩于一点。无论是儒家的"仁""义"，墨家的"非攻"，道家的"修身养性"，还是基督的"爱神"，伊斯兰的"古兰经"，佛学的"苦海无边，回头是岸"，无不包含丰厚的宽容哲学。世间因为有了宽容而爱意浓浓，美丽祥和。

华人首富李嘉诚接到来自美国商人的订货单，可就在他完成订货后，美商却突然变卦不要了，他只好解除订单。按照合同，违约方必须作出巨额赔偿。可是，当美商试探地问李嘉诚需要多少赔偿金时，李嘉诚却说："生意场上的事，变幻莫测，换了我发生这种事情也自然。虽然你不要了，但我这批产品还未受到损失，所以就不必赔偿了。中国有句话：'生意不成情意在嘛！'"美商千恩万谢而去。

时间久了，李嘉诚也慢慢淡忘了这件事。两年后，美国来了另一个商人，专找李嘉诚要买他的塑料花，一下子让他赚了一大笔。事成之后，李嘉诚问道："先生为什么专门要我的产品？"对方回答："我有一个生意上的朋友，经常谈到你，说你这个人不错，待人仁厚，不斤斤计较，可以打交道，所以我就找上门来喽。"李嘉诚这才恍然大悟，会意地笑了。

生意场上风云莫测，瞬息万变，出现什么事情谁都无法预料，当合作方"伤害"到李嘉诚的利益时，他却设身处地地为对方着想，难怪那位美商会心悦诚服且知恩图报，不断向同行说他的好话了。宽恕，让李嘉诚失去了眼前的微利，却让他换来长久的"财富"及千金难买的口碑。

人与人的交往中难免出现摩擦和矛盾，当别人犯错对你造成伤害时，不妨宽容待人，得饶人处且饶人。要知道，宽恕别人也就是善待自己。

懂得宽容的人生是美丽的——如果我们在生活中多点谦和与理解，少一些计较与猜疑，就会多一分和谐与美丽。

不卑不亢：
不辱使命的晏子

恢宏大度的人的标志是不要求或者几乎不要求任何东西，而且是随时准备着帮助别人，并且对于享有高位的人应该不失其庄严，对于那些中等阶级的人也不倨傲。

——罗素《西方哲学史·亚里士多德的伦理学》

不卑不亢是指对人有恰当的分寸，既不低声下气，也不傲慢自大。也就是说，不要戴一副假面具，无论遇到什么都要宠辱不惊：在我们人生得意时，不骄人自得，展示给别人以真正的自我；当我们失意时，不卑曲讨好，展示给别人的依然是一个真正的自我。在做人上光明坦荡，心态如一，保持一种风度。

关于不卑不亢最有名的故事，大概要数"晏子使楚"了。

一次，晏子出使到楚国去，楚国国王知道晏子的个子很矮，就想捉弄他。楚王命人在城墙的大门旁边又开了个五尺来高的洞，请晏子从那个小洞进去。晏子知道楚王要戏弄他，严词加以拒绝。他说，"到了'狗国'，才走狗洞，我现在是出使楚国，不应该走狗洞。"招待晏子的官员听他这么一说，只好请晏子从大门进去。

晏子进去以后，就拜见楚王。楚王故意问："是因为齐国再没有别人，才派你来的吗？"晏子回答说："齐国的人多极了，仅都城就有上百条街道，人们把衣袖举起来，就可以遮住太阳；人们甩掉汗水就像下雨一样。"楚王接着问："既然如此，那么为什么派你出访呢？"晏子不慌不忙地回答："我们齐国派使节出访很有讲究，对那些精明能干的人，就派遣他们出使那些道德高尚的国家；对那些愚蠢无能的使臣，就派他们出使那些不成器的国家。我是使臣中最愚蠢、最无能的人，所以就派我出使楚国来了。"晏子的话使本打算要戏弄他的楚国君臣们面面相觑，半天说不出话来。

在这次出访之后，晏子又有一次出使楚国。楚王听说晏子要来，就向他的大臣们说："晏子是齐国最会说话的人。现在他将要到我们楚国来，我想羞辱他一下，你们有什么好主意吗？"有一个官员建议说："当晏子来的时候，请允许我捆绑一个人，从大王面前走过。大王就问：'绑着的是做什么人？'士兵就回答说：'齐国人'。大王再问：'为什么要绑他？'士兵就说：'因为他偷了东西。'"楚王觉得这是一个羞辱晏子的好主意，就按此布置妥当。

晏子来到楚国，楚王设宴招待他。喝酒正喝的高兴的时候，两名小官绑着一个人来见楚王。楚王问道："你们绑的是什么人，为什么绑他？"士兵回答说："是齐国人，因为他犯了盗窃罪。"楚王故意看着晏子说："齐国人天生就喜欢盗窃吗？"晏子则以柑橘打比方，说："橘生淮南则为橘，生于淮北则为枳，叶徒相似，其实味不同。所以然者何？水土异也。"说明人在齐国好好劳动，一到楚国便做贼，是楚国的水土问题，使楚王搬起石头砸自己的脚。楚王听了晏子一番反驳，苦笑着承认说："圣人是不能同他开玩笑的，我反而自讨没趣了。"

我们与人交往时应该保持一种什么姿态呢？从晏子的故事延伸到现实生活中，就是告诉我们在处理人际关系时，最重要的原则就是要讲究"适度"。"度"就是讲究在与人交往时，既要看到自己的优势、长处，也要看到他人的优势、长处；既要说明自己的为难之处，也要体谅别人的为难之处。努力做到自信而不自傲，自谦而不自卑。

我们发现许多成功人物也都深谙适度的智慧：

李嘉诚说他自己的为人处事之道，可以概括为"德、诚、刚、柔、变、和"六字诀，但他真正高明之处正在于巧妙地把握住几者之间的"度"。刚直本是好事，但过于刚直，棱角分明，锋芒毕露，咄咄逼人却往往为世所不容；

随和本是好事，但过于随和，丧失原则，缺乏主见，委曲求全又往往被视为软弱。只有外圆内方，刚柔相济，进能攻，退能守，才能在纷繁复杂的人际关系中周旋有术、游刃有余，成为一个举足轻重、魅力与实力并存的人物。

不管与谁相处都要做到不卑不亢，把握礼仪分寸，根据具体情况、具体情境而行使相应的礼仪，如在与人交往时，既要彬彬有礼，又不能低三下四；既要热情大方，又不能轻浮谄谀；要自尊却不能自负；要坦诚但不能粗鲁；要信人但不能轻信；要活泼但不能轻浮；要谦虚但不能拘谨；要老练持重，但又不能圆滑世故。

宠辱不惊：
变了两次的评价

> 所谓贤哲，就是一个从腐败的朝廷里退出来，在恬淡的田园生活中享受清平乐趣的人。
>
> ——罗素《西方哲学史·浪漫主义运动》

中国有句古话："宠辱不惊，闲看庭前花开花落；去留无意，漫随天外云卷云舒。"它的意思是对于荣耀屈辱要心地安宁，欣赏庭院中花开花落；对于升降得失则应随遇而安，冷眼观看天上浮云随风聚散。

唐朝，有个人叫卢承庆的人，为官清廉，做事认真，讲求实际。他当的是考工员外郎。这是隶属于吏部的官职，主要负责考察官员。当时，考察官员有级别标准，先大体分成上中下，然后每一级再分成上中下，比如最好的是上上，差一点的是上中，以及中中、中下、下下之类。

有一次，卢承庆考核一个兼督运粮的官员。这个人在运粮食的过程中，由于翻船把不少粮食掉进了河。因此，卢承庆只给他定了一个中下，"没给你弄个下下就是照顾你的面子了。你把船都弄翻了，国家的粮食丢失了那么多，所以只能给你中下这么一个评价。"这个运粮官得到中下的评语，一点也没生气着急，反而谈笑自若，该怎么着就怎么着。卢承庆觉得，我给他这么低的一个评价，他都没生气，说明他认识到了自己的错误，这人还行；从这点上来讲，这个人有认错表现，有责任心，改个中中吧。改成中中后，这个运粮官也没因此而高兴。卢承庆心想这个人真绝，"宠辱不惊"，无论怎样，他都能坦然面对。他又调查到，那次船翻了，不是他管理不善造成的，而是因为突然遇到刮大风，把粮船给吹翻了。总之，不是人为的原因。卢承庆一想：我给他中中看来也不合适，又改成了中上。这个运粮官还是没有因此而特别高兴。从此卢承庆对他印象很好，以后在吏部考核的时候，就注意提拔了他。

据说，卢承庆自己也是一个宠辱不惊的人。他认为作为一个官员，主要是为国尽忠，官职是升是降都不在乎。他后来往上当过尚书左丞，最后还当过兵部侍郎，由于老说实话，得罪了皇上，获罪被贬出去做简州司马。当简州司马的时候，卢承庆也一点没感觉到窝火。后来，朝廷把他又调回朝中当刑部尚书，卢承庆也没有因此特别高兴。

到了晚年病危的时候，卢承庆儿女们叫到床前嘱咐说："我死后，丧事一定要从简。穿的这身衣裳就算是我的装裹，不要再给我买衣服。棺材外边也别设什么椁，用一层棺材装着埋了就可以。坟头不要太高，只要能让人看得见就可以了。碑文不要乱写，吹嘘我这一生有什么功绩，只要老老实实写上我的履历，什么时候死的，就行了。"这就是卢承庆的遗言。可见，卢承庆不仅清廉，而且也是个对虚荣看得非常淡的人。

古人积累了几千年的人生经验，就像一本厚厚的书。开卷便觉触目惊心，名利场宦海浮沉，潮起潮落；富贵乡人为财死，鸟为食亡。所以有的人雄心万丈地在仕途进取的同时，也很有情趣地在做出世准备，免得从金字塔一落千丈时万劫不复。官场少有常青树，财富总有用尽时，若练得宠辱不惊，去留无意的功夫，又怎会有凄凉与悲哀的心境出现呢？

在陈忠实的小说《白鹿原》中有一段富有哲理的话："世事就俩字——福祸。俩字半边一样半边不一样，就是说，俩字互相牵连着，就好比箩面的箩筐，咣当摇过去就是福，咣当摇过来就是祸。所以说，凡遇到好事别张狂，遇到坏事也别乱套。"人生的岁月是一条河，有平缓的顺流，也有激流险滩。驾船而行的你，只要以平常之心处之，做到宠辱不惊，就一定是个好舵手。

第九章
诗意生活：生活可以如此美

热爱生活：
我只看我所有的

"但是真正爱生活的人在我的世界里会感到现世界中谁也不能有的那种幸福。"

——罗素《西方哲学史·尼采》

有人说，生活就是一只果盘，我们就是那拿果盘的人，总想装回收获，却经常无功而返。生活给人的诱惑实在太多，生活又不断地打击着急于索取者的积极性。人们常常羡慕功成名就、百事百顺的人，认为他们是生活中的成功者，认为只有这些得到生活回报的人才会对生活充满感激，充满信心和激情。

其实，真正懂得生活的人，对生活充满爱意的人，往往是那些在生活中遭遇挫折和不幸的人；是那些深知生活在世上，有快乐就有悲伤，有成功就有失败，有苦涩就有甘甜的人；是那些对生活没有过多奢求而认认真真生活的人；是那些把生活本身当作幸福的人。

有一个叫黄美廉的女子，从小就患上了脑性麻痹症。这种病的症状十分惊人，因为肢体失去平衡感，手足会时常乱动，口里也会经常念叨着模糊不清的词语，模样十分怪异。医生根据她的情况，判定她活不过6岁。

在常人看来，黄美廉已失去了语言表达能力与正常的生活条件，更别谈什么前途与幸福。但她却坚强地活了下来，而且靠顽强的意志和毅力，考上了美国著名的加州大学，并获得了艺术博士学位。她靠手中的画笔，还有很好的听力，抒发着自己的情感。

在一次讲演会上，一位学生贸然地这样提问黄美廉："黄博士，你从小就长成这个样子，请问你怎么看你自己？你有过怨恨吗？"在场的人都暗暗责怪这个学生的不敬，但黄美廉却没有半点不高兴，她十分坦然地在黑板上写下了这么几行字：一、我好可爱；二、我的腿很长很美；三、爸爸妈妈那么爱我；四、我会画画，我会写稿；五、我有一只可爱的猫；……最后，她以一句话作结论：我只看我所有的，不看我所没有的！

在这个世界上，每个人都有着不同的缺陷或经历着不如意的事情，并非只有你是不幸的，关键是如何看待和对待不幸。无须抱怨命运的不济，不要只看自己没有的，而要多看看自己所拥有的，我们就会感到：其实我们很富有。

张海迪，1955年秋天在济南出生。5岁患脊髓病，胸以下全部瘫痪。从那时起，张海迪开始了她独到的人生。她无法上学，便在家自学完中学课程。15岁时，海迪跟随父母，下放（山东）聊城农村，给孩子当起教书先生。她还自学针灸医术，为乡亲们无偿治疗。后来，张海迪自学多门外语，并攻读了大学和硕士研究生的课程。

1983年张海迪开始从事文学创作，先后翻译了《海边诊所》等数十万字的英语小说，编著了《向天空敞开的窗口》《生命的追问》《轮椅上的梦》等书籍。其中《轮椅上的梦》在日本和韩国出版，而《生命的追问》出版不到半年，已重印3次，获得了全国"五个一工程"图书奖（在《生命的追问》之前，这个奖项还从没颁发给散文作品）。从1983年开始，张海迪创作和翻译的作品超过100万字。

读了这个故事，我们都会深深地被张海迪那种不向命运屈服、热爱生活的精神所感动。是啊，不论你愿不愿意，只要你活着，就要面对千姿百态的生活。生活就像你的影子紧随着你，不论你在哪里，不论你走多远，不论你高低胖瘦，不论你有无气力携带着她。既然这样，我们为什么不好好生活？

有人把生活比喻成一首歌，其实这歌并不都是欢快得令人陶醉的。她有忧伤，有凄凉，有哀痛，有呻吟。只有真正懂得生活的人们才会把她仍然当作一首歌来唱，将自己的嗓音调整到最佳的状态，努力地把握好每一个音节，就

连那伤心伤情之处也要表现得凄美。

让我们热爱生活，不论从生活中得到多少。让我们因热爱而创造生活，不论自己还是他人享受。让我们试着理解弗里德里希·尼采的这句话："生活的收获是生活。"

乐观心态：
丑鼻子也有力量

> 神和全宇宙就都是积极活动着的。
>
> ——罗素《西方哲学史·亚里士多德的政治学》

　　"要么你去驾驭生命，要么生命驾驭你。你的心态决定谁是坐骑，谁是骑师。"喜怒哀乐是人之常情，生活总是由悲欢离合组成，我们不能控制自己的遭遇，但我们可以控制自己的心态。心态控制了每一个人的行动和思想，同时，也决定了一个人的视野、事业和成就。

　　上帝在造大象的时候，一时疏忽把大象的鼻子拉得又大又长，使大象变得奇丑无比。他想为大象重新造一个鼻子，但转念一想，世界上已经有很多美丽的动物了，比如老虎、长颈鹿、天鹅、孔雀等，也应该有一些丑陋的动物才是，这样才会使世界变得丰富多彩。

　　大象一开始不知道自己长得丑陋，它喜欢到动物中间去活动，可是，别的动物见了它后都纷纷躲开了，像是碰到了怪物。大象十分纳闷，心想，自己是一个善良温和的动物，从没有伤害过其他动物，可为什么大家如此不愿意和我在一起呢？它感到莫名其妙。一天，大象去湖边喝水，湖水清如明镜，大象仔细地看着自己在水中的影像，天哪，自己怎么这样丑陋呀，甭说别的动物不愿意和自己在一起，就是自己对自身的形象都感到害怕。为此，大象伤心极了。大象心想，上帝，你这不是有意捉弄我吗？为什么给别的动物制造出比例合适而且好看的鼻子，偏偏给我造了一个奇大奇丑的鼻子？我该如何对待这只丑鼻子？

不过，大象是心胸开阔的动物，它想，上帝不会给我丑陋的东西。既然有了这么个大鼻子，那么就用它做些事情吧。它先学会用鼻子吸水，只要自己站在河边，把长长的鼻子往河水中一伸，就很容易吸到河中的水。这样在别的动物喝不到水的地方，大象往往能够喝到水。大象还学会了用长鼻子去卷树枝树叶，作为自己的食物。由于鼻子又长又大，它能够弄到很高地方的树枝树叶。丑鼻子给大象带来了数不清的好处。由于大鼻子发挥了作用，大象吃到和喝到的东西又多又好，而且由于经常使用鼻子干活，大象得到了很好的锻炼，它的身体越来越强壮。许多年之后，大象成为陆地上最为强大的动物，很少有动物敢挑战大象。

一天，上帝忽然想起了大象和它的丑鼻子。上帝感到很内疚，觉得一时突发奇想，却给大象造成了终生的缺憾。于是，他想找到大象，想给它重新造一只好看的鼻子。可是，当他找到大象时，却吃惊地发现大象的鼻子比原来大多了长多了，不但看上去并不丑，而且显得很有力量。上帝惊叹一声，说："大象是一个聪明的动物，它把自己的丑陋变成了一种力量，丑鼻子已成为大象生存的法宝，看来我没有必要再改造它了。"

人活在世上，谁都会遭遇心理上的低谷和经历人生的低潮，谁都曾一度消沉、萎靡不振。无论把人生作何比喻，从规律上讲，任何事物都是呈螺旋形曲线向前发展的：若把人生比花园，也不可能每天美丽，有春的众花夺艳，也有秋的萧条凄清；有夏的艳阳照热土，也有冬的霜雪压花枝；把人生比明月，可月也有阴晴圆缺。所以，面对人生的喜怒哀乐，遭遇情绪和心理上的困扰，我们都该视之为正常现象，泰然处之，从容面对。

一天，有位哲学家带弟子们出行。途中，他问弟子们："有一种东西，跑得比光速还快，瞬间能穿越银河系，到达遥远的地方……这是什么？"弟子们争着回答："我知道，我知道，是思想！"

哲学家微笑着点点头："那么，有另外一种东西，跑得比乌龟慢，当春花怒放时，它还停留在冬天；当头发雪白时，它仍然是个小孩子的模样，那又是什么？"弟子们不知如何回答。

"还有，不前进也不后退，没出生也不死亡，始终漂浮在一个定点。谁能告诉我，这又是什么？"弟子们更加茫然，面面相觑。

"答案都是思想！它们是思想的三种表现，换个角度来看，也可比喻成三种人生。"

望着聚精会神的弟子们，哲学家解释说："第一种是积极奋斗的人生：当一个人不断力争上游，对明天永远充满希望和信心，这种人的心灵不受时空限制，他就好比一支射出的箭矢，总有一天会超越光速，驾驭万物之上。第二种是懒惰的人生：他永远落在别人的屁股后面，捡拾他人丢弃的东西，这种人注定被遗忘。第三种是醉生梦死的人生：当一个人放弃努力、苟且偷安时，他的命运是冰封的，没有任何机会来敲门，不快乐也无所谓痛苦。这是一个注定悲哀的人，像水母的空壳漂浮于海中，不存在于现实世界，也不在梦境里……"

命运对任何人都是公平的，谁都不可能总是一帆风顺，都会碰到各种难题，经历种种坎坷，有些人倒下了，可有些人仍坚定地站着，这就是成功者和失败者的区别。不论遇到什么样的困境，成功者始终坚持用积极的态度支配自己的心态和行动，而失败者则相反。

其实，如何看待人生，把握人生是由我们自己决定的。只有时时保持乐观、积极的思维方式和人生态度，才能获取成功的果实。

有心无难事，有诚路定通，正确的心态能让你的人生更坦然舒心。

化苦为乐：
巴尔扎克的笑声

> 在你的心灵生活上，要使自己学会观赏快乐而不要观赏痛苦。
>
> ——罗素《西方哲学史·伊壁鸠鲁派》

圆满的人生并不是一辈子没有吃过苦，而是体验过苦的滋味，超越那苦的感觉。苦为乐、乐为苦，苦与乐的感受全在于一心。

世间许多有非凡成就的人并不害怕困苦，他们往往以自己的智慧和心胸化苦为乐，让自己的人生变得更从容、更成功。世界文豪巴尔扎克就是一个善于以苦为乐的人。

巴尔扎克是法国现实主义作家的代表。他一生共完成了九十本长篇小说，平均每天工作十二小时以上。每天深夜十二点时，仆人就会叫醒他，他穿上白色修道服，立刻奋笔疾书。一般他会连续写五六个钟头，直到累到极点才会离桌休息。

巴尔扎克是举世公认的观察和剖析人性的高手，但在现实生活里，他却不太精明。在年轻时，他曾经商失败，欠下了六万法郎的债务。等他成名后，尽管收入不菲，但由于奢侈浪费，最后弄得入不敷出。在这段日子里，还发生一桩趣事。

有一天晚上巴尔扎克醒来，发觉有个小偷正在翻他的抽屉，他不禁哈哈大笑。小偷问道："你笑什么？"巴尔扎克说："真好笑，我在白天翻了好久，连一毛钱也找不到，你在黑夜里还能找到什么呢？"小偷自讨没趣，转身就要走。巴尔扎克笑着说："请你顺手把门关好。"小偷说："你家徒四壁，关门干什么啊？"巴尔扎克幽默地说："它不是用来防盗，而是用来挡风的。"巴尔扎克曾自诩要超过拿破仑："他的剑做不到的，我的笔能完成。"他的确做到了，可惜他只活了五十岁，留下许多未完成的作品，成为全人类巨大的损失。

苦与乐并非是相互对立的，而是和谐统一的，相辅相成、相互转化的。正如哈密瓜比蜜还要甜，人们吃在嘴里乐在心上，而苦巴豆比难吃的中药还要苦。然而，种瓜的老人却告诉我们：哈密瓜在下秧前，先要在地底下埋上半两苦巴豆，瓜秧才能苗壮成长，结出蜜一样的果实来。

春秋战国时期，有个人叫陈定，学富五车，才气横溢。屡次上书楚王，希望能入仕做国君的谋臣，但却遭人忌妒，因而一直郁郁不得志，只是埋头苦学。他的妻子也是一个极有见识的女子，但由于陈定除了学问之外，没有更好的谋生手段，因此俩人生活极为窘迫。但夫妻俩你亲我爱，日子过得也极为融洽，两人感情也极为深厚。

有一天，夫妻俩煮了个南瓜，准备凑合着吃，填填肚子，也算作是一顿饭了。正在两人愁着下顿没米下锅时，楚王的使者来了。原来，楚王有个贤德的谋臣屡次推荐陈定，大赞陈定学识渊博，能堪大任。后来楚王终于被打动了，就派使者带两千两黄金，聘请陈定去当宰相。陈定顿时欣喜若狂，一送走使者，就兴冲冲地跑到里屋，握住妻子的手，激动地说：我就要当宰相了，出门有华贵的车子，吃饭有山珍海味，穿衣是绢丝裘袍，啊，咱们再也不用为贫穷而发愁了。只见他眼里闪烁着光芒，似乎已经陶醉在即将到来的富贵中了。妻子看见丈夫兴奋的满脸红光的样子，却长长地叹了一口气。陈定奇怪地问："贤妻，叹什么气呀？难道这还不够？"妻子回答道："夫君，你想想，车子再华贵，不过只坐一尺的地方；饭菜再鲜华，不过只塞饱一个肚子；衣服再精美，只不过暖了一个人，这有什么高兴呢？楚王这么看重你为什么呢？还不是让你给他掠地争城。看，现在各国诸侯你砍我杀，受害的都是老百姓。有仁德的人，怎么可以干坑害百姓的事情呢！"陈定听后，低头不语。半天，抬头望着妻子憔悴的笑容，粗糙的双手，深情地说："我答应使者，也是为了你呀。你跟着我吃的苦太多了，我多么希望你能生活得好一点啊！"妻子十分感激丈夫的关心，但她还是说："少吃少喝固然苦一点，坑害百姓，难道心里就不苦吗？咱们苦，只苦一家；咱们要乐，那却就苦了一国的百姓。而且，今天你能做宰相，说不定明天你就会被杀头的。"陈定觉得妻子比自己看得远，想得远，想得深，决定不去楚国做官。因怕使者逼迫，他们俩便连夜逃出家门，隐姓埋名，当了浇菜园子的人。天天煮南瓜当饭吃，由于心中坦荡，不但不觉得苦，反而感到很甜。

对于人生来说，悲苦从来都是无法逃避的。多苦少乐是人生的必然。因此，我们要懂得幽默的智慧，享受苦中作乐的那份智者之坦然，以及化苦为乐的那份超然。

有一则谚语说得好："一生未遇苦难者，只能算是半个人。"对一个来讲，不吃苦是不完整的一生，是平淡的一生，是缺乏色彩的一生。只有吃过苦的人，才会更加珍惜过去，珍惜现在，珍惜未来；只有受过磨炼的人，才更能明辨是非，意志坚强，经受住各种考验；也只有把苦视为富贵财富的人，才能自豪地做到知"苦"常乐，化苦为乐。

把握现在：
双面神的悲哀

> 我们皆因无知，才以为我们能够改变未来；要发生的事总要发生，未来像过去一样定不可移。
>
> ——罗素《西方哲学史·斯宾诺莎》

人，不能弥补过去，也不能预测未来，唯一能做的，只有把握现在。不懂得把握"现在"，过去和未来都将成为落寞的烟尘。有一则广为流传的故事：

一位哲学家途经荒漠，看到很久以前的一座城池的废墟。岁月已经让这个城池显得满目沧桑了，但仔细地看却依然能辨认出昔日辉煌时的风采。哲学家想在此休息一下，就随手搬过一个石雕坐下来。

他点燃一支烟，望着被历史淘汰下来的城垣，想象着曾经发生过的故事，不由得感叹了一声。

忽然，他听到有人说："先生，你感叹什么呀？"

他四下里望了望，却没有人，他疑惑起来。那声音又响起来，是来自那个石雕，原来那是一尊"双面神"神像。

他没有见过双面神，所以就奇怪地问："你为什么会有两副面孔呢？"

双面神回答说："有了两副面孔，我才能一面察看过去，牢牢吸取曾经的教训。另一面又可以瞻望未来，去憧憬无限美好的明天。"

哲学家说："过去的只能是现在的逝去，再也无法留住，而未来又是现在的延续，是你现在无法得到的。你不把现在放在眼里，即使你能对过去了如指

· 183 ·

掌，对未来洞察先知，又有什么具体的实在意义呢？"

双面神听了哲学家的话，不由得痛哭起来，他说："先生啊，听了你的话，我才明白，我今天落得如此下场的根源。"

哲学家问："为什么？"

双面神说："很久以前，我驻守这座城时，自诩能够一面察看过去，一面又能展望未来，却唯独没有好好地把握住现在。结果，这座城池便被敌人攻陷了，美丽的辉煌都成了过眼云烟，我也被人们唾骂而弃于废墟中了。"

过去的事，随风而去，深陷于过去之中不能自拔，只能徒增烦恼而于事无补。同样，将来的事，就像镜花水月一样，无论多么美丽，都不能立刻变为现实，沉湎于未来的憧憬往往让人变得不切实际或者停步不前。

从前，有一座圆音寺，每天都有许多人上香拜佛，香火很旺。在圆音寺庙前的横梁上有个蜘蛛结了张网，由于每天都受到香火和虔诚的祭拜的熏托，蜘蛛便有了佛性。经过了一千多年的修炼，蜘蛛佛性增加了不少。

忽然有一天，佛主光临了圆音寺，看见这里香火甚旺，十分高兴。离开寺庙的时候，不轻易间地抬头，看见了横梁上的蜘蛛。佛祖停下来，问这只蜘蛛："你我相见总算是有缘，我来问你个问题，看你修炼了这一千多年来，有什么真知灼见。怎么样？"蜘蛛遇见佛祖很是高兴，连忙答应了。佛祖问到："世间什么才是最珍贵的？"蜘蛛想了想，回答到："世间最珍贵的是'得不到'和'已失去'。"佛祖点了点头，离开了。

就这样又过了一千年的光景，蜘蛛依旧在圆音寺的横梁上修炼，它的佛性大增。一日，佛祖又来到寺前，对蜘蛛说："你可还好，一千年前的那个问题，你可有什么更深的认识吗？"蜘蛛说："我觉得世间最珍贵的是'得不到'和'已失去'。"佛祖说："你再好好想想，我会再来找你的。"

又过了一千年，有一天，刮起了大风，风将一滴甘露吹到了蜘蛛网上。蜘蛛望着甘露，见它晶莹透亮，很漂亮，顿生喜爱之意。蜘蛛每天看着甘露很开心，它觉得这是三千年来最开心的几天。突然，又刮起了一阵大风，将甘露吹走了。蜘蛛一下子觉得失去了什么，感到很寂寞和难过。这时佛祖又来了，问蜘蛛："这一千年，你可好好想过这个问题：世间什么才是最珍贵的？"蜘蛛想到了甘露，对佛祖说："世间最珍贵的是'得不到'和'已失去'。"佛祖说："好，既然你有这样的认识，我让你到人间走一朝吧。"

就这样，蜘蛛投胎到了一个官宦家庭，成了一个富家小姐，父母为她取了个名字叫蛛儿。一晃，蛛儿到了十六岁了，已经成了个婀娜多姿的少女，长得十分漂亮，楚楚动人。

这一日，新科状元郎甘鹿高中，皇帝决定在后花园为他举行庆功宴席。来了许多妙龄少女，包括蛛儿，还有皇帝的小公主长风公主。状元郎在席间表演诗词歌赋，大献才艺，在场的少女无一不为他倾倒。但蛛儿一点也不紧张、不吃醋，因为她知道，这是佛祖赐予她的姻缘。

过了些日子，说来很巧，蛛儿陪同母亲上香拜佛的时候，正好甘鹿也陪同母亲而来。上完香拜过佛，二位长者在一边说上了话。蛛儿和甘鹿便来到走廊上聊天，蛛儿很开心，终于可以和喜欢的人在一起了，但是甘鹿并没有表现出对她的喜爱。蛛儿对甘鹿说："你难道不曾记得十六年前，圆音寺的蜘蛛网上的事情了吗？"甘鹿很诧异，说："蛛儿姑娘，你漂亮，也很讨人喜欢，但你想象力未免丰富了一点吧。"说罢，和母亲离开了。

蛛儿回到家，心想，佛祖既然安排了这场姻缘，为何不让他记得那件事，甘鹿为何对我没有一点的感觉？

几天后，皇帝下诏，命新科状元甘鹿和长风公主完婚；蛛儿和太子芝草完婚。这一消息对蛛儿如同晴空霹雳，她怎么也想不通，佛祖竟然这样对她。几日来，她不吃不喝，穷究急思，灵魂就将出壳，生命危在旦夕。太子芝草知道了，急忙赶来，扑倒在床边，对奄奄一息的蛛儿说："那日，在后花园众姑娘中，我对你一见钟情，我苦求父皇，他才答应。如果你死了，那么我也就不活了。"说着就拿起了宝剑准备自刎。

就在这时，佛祖来了，他对快要出壳的蛛儿灵魂说："蜘蛛，你可曾想过，甘露（甘鹿）是由谁带到你这里来的呢？是风（长风公主）带来的，最后也是风将它带走的。甘鹿是属于长风公主的，他对你不过是生命中的一段插

曲。而太子芝草是当年圆音寺门前的一棵小草，他看了你三千年，爱慕了你三千年，但你却从没有低下头看过它。蜘蛛，我再来问你，世间什么才是最珍贵的？"蜘蛛听了这些真相之后，好像一下子大彻大悟了，她对佛祖说："世间最珍贵的不是'得不到'和'已失去'，而是现在能把握的幸福。"刚说完，佛祖就离开了，蛛儿的灵魂也回位了，睁开眼睛，看到正要自刎的太子芝草，她马上打落宝剑，和太子深深地拥抱着……

故事结束了，你能领会蛛儿最后一刻所说的话吗？"世间最珍贵的不是'得不到'和'已失去'，而是现在，是现在能把握的幸福。"

注重现在，脚踏实地，慢慢积累，一步一步踏踏实实地走向未来！

活在当下:
不管用的后悔药

"凡追悔某个行为者,双重地悲惨或软弱。"

——罗素《西方哲学史·斯宾诺莎》

每个人都有一些曾经的过往,在那些日子里,我们难免会有做错的事,丢掉的人,每每想起,心中都会有一种无限的悔恨。人们往往在这时才知道珍惜,但人生是有限的,不要留下太多等待,活在当下,把握好现在的时光!

印度有一位哲学家,饱读经书,富有才情,很多女人迷恋他。一天,一个女子来敲他的门,说:"让我做你的妻子吧!错过我,你将再也找不到比我更爱你的女人了!"哲学家虽然也很喜欢她,却回答说:"让我考虑考虑!"

哲学家用一贯研究学问的精神,将结婚和不结婚的好坏所在,分别罗列下来,却发现两种选择好坏均等,真不知该怎么办。于是,他陷入长期的苦恼之中,无论又找出了什么新的理由,都只是徒增选择的困难。

最后,他得出一个结论——人若在面临抉择而无法取舍的时候,应该选择自己尚未经历过的那一个。不结婚的处境我是清楚的,但结婚会是个怎样的情况,我还不知道。对!我该答应那个女人的要求。

哲学家来到女人的家中,问女人的父亲:"你的女儿呢?请你告诉她,我考虑清楚了,我决定娶她为妻!"女人的父亲冷漠地回答:"你来晚了10年,我女儿现在已经是3个孩子的妈了!"

哲学家听了,几乎崩溃。他万万没有想到,向来引以为傲的哲学头脑,最后换来的竟然是一场悔恨。而后两年，哲学家抑郁成疾。临终时，他将自己所有的著作丢入火堆，只留下一句对人生的批注——如果将人生一分为二，那么我们前半段人生哲学应该是"不犹豫"，而后半段的人生哲学应该是"不后悔"。

"前半生不要犹豫，后半生不要后悔！"对于自己喜欢的事情，不要犹豫，大胆去做，趁现在还年轻，我们需要去经历一些事情，痛苦、欢乐、成功或者失败。在这其中，一点一点地品味那种心酸，那种发自内心的欢笑，那种踌躇……这样，我们才会懂得什么叫沧桑，什么叫坚持，什么叫放弃……然后，慢慢地学会成长。

当我们不再年轻、回忆往事的时候，不要后悔，不要后悔当时的自己为什么没有遵从自己的内心，不要后悔当时的自己为什么犹豫，不要后悔当时的自己为什么不能勇敢一点。时间不能重来，昨天，已成为过去；重要的，是现在，只要开始，永远都不晚。做好人生的安排，在选择的智慧中学会放弃，放弃心的羁绊，让心去旅行。不要犹豫，不要后悔，勇敢地向前走……

很久很久以前，这个世上，是有过后悔药的。

这项伟大的发明，来自一位医痴。姑且就这么称呼他吧。

医痴是个乐善好施的人，不仅医术高明，心肠也极好。很多患者求医之余，也会和他家长里短，倾诉衷肠一番。有幸福的，有懊悔的，有遗憾的，也有消极的。

渐渐听得多了，越发激起了医痴体内的善良因子，他开始努力研究起后悔药的配方。

终于，不负苦心，他成功了。

于是，在一次听到病人与心上人失之交臂的懊恼"如果再给我一次机会的话，我一定……"时，作为试验，他送了那位病人一颗后悔药。

病人半信半疑地吃下了，果然时光逆转，他看到了年轻貌美的她，笑意盈盈地看着他。于是，这位病人勇敢果断地抓住了机会。终于，有情人终成眷属。

好在这一个吃上后悔药的人，并不贪心，只是散播了医痴先生的医术高超，救世情怀。果然，从此慕名而来的人，更多了。

可是，医痴先生的麻烦，也就来了。

原本地，他是一个救世济人的大夫，武功平平，足可防身，有一个贤良淑德的妻子和一个活泼可爱的女儿。

可是，由于炼制后悔药的速度，远比不上众人求药的速度。人之贪念，掀掉了他原本平静的生活：大家常常是明抢暗偷，甚至于有人绑架他的家人。

他苦不堪言，又不忍毁掉这项伟大发明，只好事先给了妻子和女儿后悔药，他的本意是关键时刻，以药求生。

岂知，戏剧的是，某日当他回到家，家中早是空无一人，没有昔日的温馨，没有以往的笑声，桌上是妻子的留书——既然可以重新选择，我又何必委屈自己，女儿又何必跟着你受苦？

他长叹一声，吃下了所有剂量的后悔药，连带配方。

在时光回溯的瞬间，如同电影播放，他看到——

第一个求药的男子，正在和他苦苦寻来的妻子吵架；第二个抓住机会发了财的人，贪欲一发不可收拾，最后钱财满满地孤独终老；那个求得至高武功秘籍的人，独孤求败，一人终老；那个选了好人家出生的姑娘，最后自己却家道没落，更加贫苦……

而医痴自己的结果是，由于过量，他并没有回到那个儒雅的中年大夫阶段，而是成了一名采药的翩翩少年。

没有后悔，没有懊恼，没有愤怒。他只是很平静地采着草药，一切又回到最安静美好的轨道上。

因为他终于醒悟，后悔其实是最破坏情绪、最浪费能量的一件事，而且，就算有了后悔药，生活也不一定会比原来更好。倒不如，珍惜已经有的，目光向前看，随着岁月，悠悠老去。

有句话叫"活在当下"，简单地说，当下就是我们眼前的人，身边的事，此刻的心情，活在当下就是不悲过去，不喜未来，全心全意地去关注眼前人、身边事，还有我们心里那些瞬间的感动。

顺其自然:
尼采的人生三境

> 他（尼采）爱以逆理悖论的方式发表意见，目的是要让守旧的
> 读者们震惊。
>
> ——罗素《西方哲学史·尼采》

尼采有一句名言："生命迫使我们重塑价值。"他的哲学观最重要的一点是：哲学的使命就是要关注人生，给生命一种解释，给生命的意义一种解释，探讨生命的意义问题。而生命的意义便在于从骆驼到狮子到婴儿的"三变"。

尼采以骆驼、狮子和婴儿比喻人生精神阶段的三境界。骆驼能吃苦负重，任劳任怨；狮子凶猛异常，毫无惧怕；婴儿纯洁善忘，天天成长。尼采精神三变是指：一变为骆驼；二变为狮子；三变为婴儿。

骆驼有"沙漠之舟"的外号，能背负中弹，忍受考验，毅然决然向前走去。人在年轻时，谁不曾像只骆驼，接受父母师长的教导和指示，走上能成为圣贤的艰辛路？具体地说，听别人对你说："你应该如何，你应该如何！"而我们呢？只是被动地接受命令，认真地奉行别人的指示。这种被动的情况也可能持续终生。

所以，精神必须蜕变为狮子。狮子有"森林之王"的称号，抱有大无畏的精神，具有强劲的生命力与开创的勇气。狮子的比喻，是说任何环境都无法阻碍它的前进与发展。和骆驼相比，狮子的象征是你对自己说："我要如何，

我要如何！"这显然是从一个被动的自己转为主动了。人生成败的关键就是从被动到主动。骆驼若不变为狮子，则人的一生只不过是随人俯仰，主体未能挺立，哪有自己的生命可言？

三变为婴儿是说："我是。"这是在肯定主体之后，准备重新开始一个新生命了。婴儿代表一切可能性的开始。"我是"的意思就是今天大家常说的活在当下。当下则是指由一个目标所构成的一段时间。婴儿的境界并非指其无知、幼稚，而是指其能安于眼前的处境，踏踏实实地活每一天，每一分钟。

踏踏实实地活每一天，每一分钟，不为过去悲伤，不为未来惶恐，这是一种智慧！

在每个人的一生当中，根本就不可能永远都是风平浪静。人生遭遇不是个人力量所能左右的，而在诡谲多变、不如意事常存的环境中，唯一能使我们不觉其拂逆而使得心情轻松的办法，就是要做到使自己"顺其自然"。

"橘生淮南则为橘，橘生淮北则为枳"，是何缘故成了如此？因为水土不同。想一想，人如果像此橘，应该如何应对呢？当今这个社会，千变万化，每个人一生当中所处的环境不会一成不变，我们该怎样去面对呢？有大智慧的人都认为，坚持自己的信念，顺其自然吧。

在很久以前，有一个花园，里面住着一老一小两位花匠。

有一天老花匠给小花匠一些花种，让他种在自己的院子里，小花匠拿着花种正往院子里走去，突然被门槛绊了一下，摔了一跤。手中的花种洒了满地，这时老花匠在屋中说"随遇"。小花匠看到花种洒了，连忙要去扫。等他把扫帚拿来正要扫的时候，突然天空中刮起了一阵大风，把散在地上的花种吹得满院都是，老花匠这个时候又说了一句"随缘"。

小花匠一看，这下可怎么办呢？师傅交代的事情，因为自己不小心给耽搁了，连忙努力地去扫院子里的花种。这时天上下起了瓢泼大雨，小花匠连忙跑回了屋内，哭着说，自己不小心把花种全撒了，然而老花匠微笑着说"随安"。冬去春来，一天清晨，小花匠突然发现院子里开满了各种各样的鲜花，他蹦蹦跳跳地告诉师傅，老花匠这时说"随喜"。

对于随遇、随缘、随安、随喜这四个随，可以说就是我们人生的缩影，在遇到不同事情、不同情况的时候，我们最需要具有心态就是"顺其自然"。而且，一个人如能不管际遇如何，都保持快乐的心境，那真比有百万家产还有福气！

大文学家苏东坡曾经多次被流放，可是，他说，要想心情愉快，只需要看到松柏与明月就行了。何处无明月，何处无松柏？只是很少人有他那般的闲情与心情罢了。如果大家都能够做到顺其自然，及时挖掘出身边的趣闻乐事，甚至于去找寻苍穹中的闪耀星星，这样，即使环境没有任何改变，你的心境从此也会大不一样了。

环境往往会有不如人意的时候，关键在个人怎么面对拂逆和不顺。知道人力不能改变的时候，就不如面对现实，顺其自然。与其怨天尤人，徒增苦恼，还不如因势利导，适应环境，从既有的条件中，尽自己的力量和智慧去发掘乐趣。从容地在不如意中去发掘新的前进道路，才是求得快乐与安静最好的办法。

宁静祥和：
画最宁静的画面

"战争和风暴读起来最妙，但是和平与宁静比较好消受。"

——罗素《西方哲学史·功利主义者》

现代社会，物质的欲望在慢慢吞噬人的灵性和光彩，我们留给自己的内心空间被压榨到最小，我们狭隘到已没有"风物长宜放眼量"的胸怀和眼光。

有一位老太太，生了两个儿子。等两个儿子长大了，自谋活计做生意，都不巧的是二人做的生意多看天气进出。大儿子卖盐，晴天好多晒些盐，也好多卖些；二儿子卖伞，阴雨天就好把伞都卖给急用的人。原来，二人都没在意天气会否厚此薄彼，逢年过节也会烧香求财的。

这些都让老太太看在眼里了，一连几天上火不吃不喝，一脸皱纹里夹满了愁闷。俩儿子一时忙于店里的活儿，过些日子才知道。心里想，让老娘这么帮着省粮食可不称孝名。到了晚上晚饭后，还不见着老太太吃喝。双双来到老太太榻前探视，老太太神志已有些恍惚，迷离的双眼移动在儿子们关切的脸上，好大工夫才说出所以。俩儿子这才宽心，敢情老太太身上没病，心里压了这么块大石头呀。可是苦于嘴拙，竟劝不动，好歹让老太太吃了点米糊，就都睡去了。

翌日，趁着客人上门，就讨些哄老太太好转的法子。有一熟客听了原委后，呵呵一乐，直呼好办。大儿子叫上二儿子，请那熟客上家一趟。

只听那熟客隔着门帘响声说："老太太，晴天时你家老大好卖盐，阴雨

第九章 诗意生活——生活可以如此美

天时你家老二好卖伞，不管晴天还是阴雨天，你家都有生意好做，都是你家赚钱。你老真有福气哟！"不一会儿，门帘由里掀开，老太太眯缝着笑眼就出来，一副呵呵迎客的热乎劲头。原先夹着愁闷的皱纹此刻还是夹得紧紧的，不过夹的是一朵朵的笑意，直看得俩儿子也乐开了花。自然，最后熟客因盛情难却留下来共用了晚饭。

故事很短，却教给我们一个道理：要懂得从不同角度看问题。同时，还告诉我们：把眼界放宽，胸怀自然宽广，心灵的家园就会回归最初的宁静。

还有个故事：国王提出一大笔赏金，看谁画得出最能代表平静祥和的意象。很多画家将自己的作品送到皇宫，有的画了黄昏森林，有的画了宁静的河流，小孩在沙地上玩耍，彩虹高挂天上，沾了几滴露水的玫瑰花瓣……

国王亲自看过每件作品，最后只选出两件。

第一件作品画了一池清幽的湖水，周围的高山和蓝天倒映在湖面上，天空点缀了几抹白云，仔细看的话，还可以看到湖的左边角落有座小屋，打开一扇窗户，烟囱有炊烟袅袅升起，表示有人在准备晚餐，菜色简单却美味可口。

第二幅画也画了几座山，山形阴暗嶙峋，山峰尖锐孤傲。山上的天空漆黑一片，闪电从乌云中落下，也降下了冰雹和暴雨。

这幅画和其他作品格格不入，不过如果仔细一看，可以看到险峻的岩石堆中有个小缝，里面有个鸟窝。尽管身旁风狂雨暴，小燕子还是蹲在窝里，神态自若。

国王将朝臣召唤过来，将首奖颁发给第二幅画，他的解释是："宁静祥和，并不是要到全无噪音、全无问题、全无辛勤工作的地方才找得到。宁静祥和的感觉，能让人即使身处逆境也能维持心中一片清澄。宁静的真谛就只有这么一个。"

《诫子书》有云："夫君子之行，静以修身，俭以养德。非淡泊无以明志，非宁静无以致远。"平稳静谧的心态，不为杂念所左右，静思反省，才能实现远大的目标。

第十章

发现幸福：让幸福敲你的门

善行天下：
善良都会有回声

> "善不是本质，而且在尊严和威力上要远远高出于本质之上。"

> ——罗素《西方哲学史·理念论》

伟大的音乐家贝多芬曾经说过："没有善良的灵魂，就没有美德可言。"善是美德不可或缺的基础，感动就是我们应该具有的天然品质。或许感动而泪如雨下，显示了我们人类脆弱的一面，却也是我们不可缺少的品质。

一个大雪纷飞的夜晚，鲁尼兹驾驶着轿车走出不远，看到前边有一个蹒跚的身影。于是，他把车子缓缓地停下来："请问，需要我的帮助吗？"这是一个60岁左右的老人，很感动地上了鲁尼兹的车。

突然，一辆轿车迎面驶过来，鲁尼兹下意识地踩刹车，但车像醉汉一般，固执地调转车头，向路边一棵大树撞去。

鲁尼兹醒来时，已经躺在医院里。所幸，他只是断了两根肋骨。而那位老人做了开颅手术，还在昏迷中。

老人的家人来了，感谢他对老人的帮助。但按照法律，鲁尼兹要为自己的过失负责，承担老人70%的医疗费。

老人昏睡二十多天后，奇迹般地醒过来了。老人说的第一句话竟是："他是善意的，要感恩，不要赔偿，不要伤了好人的心。"

老人的话感动了很多人，人们纷纷为老人捐款。而老人把这些善款全部捐出来，成立了"爱心救助基金"，用来帮助那些因行善而遭遇尴尬的人。

当善意被扭曲时，是老人还原了善意的本来模样，让人们可以毫无戒备地去爱。

内心里拥有善，才会看见弱小而感动得自觉前去扶助，才会看见贫穷而情不自禁地产生同情，才会看见寒冷而愿意去雪中送炭。善是我们内心最可宝贵的财富，是各个民族历史中最为珍惜的传统，是我们彼此赖以生存和心灵相通的链环。

那是入夏以来最热的一天，街上每个行人都在寻找阴凉的歇脚地。街角的那间冰激凌店成了最受欢迎的地方。

一个叫珍妮的小女孩手中攥着硬币走进店中，她只想买一份最便宜的甜筒。可是还没来得及走近柜台就被侍者拦住了，侍者示意她看一看门上挂着的告示牌。珍妮的脸一下子红了，于是她转过身，想赶快走出去。但是她并没有发现，店里有位高个子先生悄悄起身，跟在她的后面走出店门。

珍妮凝视着的那块牌子上写着"赤足免进"。高个子先生，看见这个贫穷的小姑娘眼睛里噙满泪水，他叫住正要离开的珍妮，她吃惊地看着高个子先生脱下脚上那双大大的皮鞋放到她面前。"哦，孩子。"他轻松地说，"我知道你不喜欢它们，它们的确又大又笨。可是，它们却能带你去吃美味的冰激凌。"他弯下腰帮珍妮穿上大皮鞋，"快去买冰激凌吧，好让我的脚凉快凉快。我就坐在这里等你，你走路一定要小心。"

珍妮感激得说不出话来，她红扑扑的笑脸是骄阳下灿烂而甜美的花朵。她穿着那双特大号的皮鞋，摇摇晃晃地、一步一步走向冰激凌柜台。店堂里突然安静下来。

一辈子，珍妮都会记得那位始终不愿告诉她名字的叔叔。记得他高大的个子，宽大的鞋子和一颗善良的心。

善是感动深埋在内心的根系，只有内心里有善，才能够长出感动的枝干。因感动而流下的眼泪，只是那枝头上迸发开放出的花朵。

这是一个边远的山村学校，食堂的伙食糟透了，不是白菜萝卜就是萝卜白菜，而女老师的身体很弱，于是，她经常到学校旁边的一个小山村去买鸡蛋。

　　卖主是个年过花甲的老太太，她叫说个价，女老师便定了5角钱一个。其实，女老师暗中提高了5分钱，女老师家乡的鸡蛋4角5分要多少有多少。女老师看老人可怜，没儿没女，只靠几只鸡养活自己，于是每个蛋多给5分钱，这老太太可怜，女老师就做一个小施主吧！

　　奇怪的是老太太既不讨价，也不还价，这桩买卖就这么定了。

　　买过一段时间，女老师觉得老太太实在可怜，便单方面又提高了5分钱，一个鸡蛋5角5分。这回老太太作声了，坚持不肯提价，但女老师坚持要单方面提价，僵持了很久，老太太终于接受了。

　　那天，女老师照旧去老太太那儿买蛋。正碰上一个蛋贩子跟老太太讲价。蛋贩子出6角一个的价要把蛋全收走，老太太不肯。蛋贩子说，这个价够高了，山里都是这个价。老太太说，不是因为这个价，而是这些蛋要卖给那位瘦老师，人家那么远到我们这里来教书，又那么瘦，我希望她胖起来，在这个小学里长期待下去，孩子们需要她。

　　女老师顿时呆了，原以为自己是个施主，想不到真正的施主倒是老太太……

　　悲欢离合一杯酒，南北东西万里程，沉淀在我们酒液里的和融化在我们脚步中的，都是这样一点一滴播撒和积累下的善，让我们在感动别人的同时，也被别人所感动着，从而形成一泓循环的水流，滋润着我们哪怕苦涩而艰难的日子，帮助我们度过了相濡以沫的人生。

学会感恩:
一杯鲜奶的价值

努力给虔诚心念和献身于"善"的生活找一席之地。

——罗素《西方哲学史·斯宾诺莎》

感恩是爱的根源,也是快乐的源泉。如果我们对生命中所拥有的一切能心存感激,便能体会到人生的快乐、人间的温暖以及人生的价值。

一个穷苦学生,为了付学费,挨家挨户地推销货品。到了晚上,发现自己的肚子很饿,而口袋里只剩下一个小钱,于是他打算讨饭吃。然而当一位年轻貌美的女孩子打开门时,他却失去了勇气。他没敢讨饭,却只要求一杯水喝。女孩看出来他饥饿的样子,于是给他端出一大杯鲜奶来。

他不慌不忙地将它喝下,而且问道:"应付多少钱?"

而她的答复却是:"你不欠我一分钱。母亲告诉我们,不要为善事要求回报。"

于是他说:"那么我只有由衷地谢谢了。"

数年后,那个年轻女孩病情危急,当地医生都已束手无策。家人终于将她送进大都市,以便请专家来检查她罕见的病情。

他们请到了郝武德·凯礼医生来诊断。当他听说,病人是某某城的人时,他的眼中充满了奇特的光辉。他立刻穿上医生服装,走向医院大厅,进了她的病房。

医生一眼就认出了她。他立刻回到诊断室,并且下定决心要尽最大的努力来挽救她的性命。从那天起，他特别观察她的病情。经过一次漫长的奋斗之后，终于战胜了病魔，让她起死回生。

最后，批价室将出院的账单送到医生手中，请他签字。医生看了账单一眼，然后在账单边缘上写了几个字，就将账单转送到她的病房里。

女孩不敢打开账单，因为她确定，需要她一辈子才能还清这笔医药费。

但最后她还是打开看了，而且账单边缘上的一些东西，特别引起她的注目。

她看到了这么一句话："一杯鲜奶已足以付清全部的医药费！"签署人：郝武德·凯礼医生。顿时，女孩眼中泛滥着泪水。

感恩之心会给我们带来无尽的快乐，为生活的每一分拥有而感恩，能让我们知足常乐。

约翰的偷盗技术可以用"炉火纯青"来形容。在同出一门的师兄弟中，他是唯一一个人没失过手的人。他曾口出狂言：天下没有他拿不到的东西，也没有他进不了的房子。

一天，他在镇上的酒馆里喝酒，正巧碰上了他的朋友比尔，一个不久前从监狱里放出来的师弟。两人先是拥抱了一阵，然后一边促膝交谈一边喝酒。比尔告诉他，在这个小镇教堂对面的那条街的中间，有一户人家，家中有几万美元的现金，并且问约翰："我的朋友，你敢不敢去？"约翰轻蔑地笑了，回答道："为什么不？"

"可是他家里养了一条很凶的狗。"比尔提醒道。

"这不是问题，我的朋友。"约翰很自信。

第二天晚上，约翰就带上了他的宝贝万能箱朝街心走去。很奇怪，整条街都是漆黑的，只有街心有户人家亮了门灯，而且这家就是他所要找的那户人家。

他先是把安眠药涂在肉上，然后扔在了狗的面前，不一会儿，狗便倒下去了。接着他熟练地打开了房门。凭着过硬的技术，他很快拿到了钱，确确实实是几万美金。他很奇怪，家中有这么多钱，可这户人家的防盗措施竟会如此差。这引起了他的兴趣，他把耳朵"伸"到了外屋门边，想一探究竟。

"我说，老头子，咱们是不是该花钱请个保姆啊！咱们两人的眼睛都瞎了，总这样过下去，也不是个办法啊。"屋子里传出一个苍老女人的声音。

约翰的心一惊：既然是瞎子，又为何整夜亮着门灯，这就更加引起了他的兴趣。

"是啊！老婆子，应该这样，可是，咱们现在的日子都不好过了，哪来的钱请保姆呢？"一个老头子紧跟着回答。

"儿子空难后，航空公司不是赔了几万美金吗，为什么不用这些钱？"

约翰的心一沉，用牙齿咬了咬嘴唇，继续听下去。

"你疯啦！老婆子，你怎么忘了，我们不是说好用这些钱给镇子里的孤儿们盖一栋房子吗？"

约翰的心一震。

"是啊！你看我这记性，都给忘喽。老喽，不中用了。可是，咱们也得花钱交电费啊！门口的灯整夜亮着，很耗电啊。"

"没关系，只要别人在这条街上走路不摸黑就行了。你也知道，这条街上的路很难走的，又是夜里，万一行人跌了跤怎么办？还有咱们的'儿子'克拉尔，虽然它每天都要骨头喂，但是只要咱们每天多糊两个小时的纸盒就行了，这日子还是能过的啊！有了克拉尔，行人就不用担心这条街有强盗了啊。"

当晚，约翰坐在门口流了一夜的泪。他也是个孤儿，也是被人领养的，但他不服新爸爸对他的管教，一怒之下，偷跑出来，才干上这一行的。

第二天，老夫妇的门口留下了两样东西，一样是他们的几万美金，另一样则是一个很小巧、很别致的万能箱。

从此，在这个小镇上，就再也没有人看见过约翰了。约翰就此神秘地消失了，没有人知道他去了哪里。

感恩是一种习惯和态度，也是一种深刻的感受，能够增强个人的魅力，开启神奇的力量之门，发掘出无穷的智慧。

想一些令你觉得心怀感激的事，让自己全心全意地浸润其中，长此以往，你会变得更加谦和、可敬而且高尚。每天都该用几分钟的时间，为你的幸运而感恩。

感谢朋友:
人生路口的拐杖

> 据西赛罗说,他认为"友谊与快乐是分不开的,因为这种缘故所以就必须培养友谊,因为没有友谊我们就不能安然无惧地生活,也不能快乐地生活"。

> ——罗素《西方哲学史·伊壁鸠鲁派》

清代文学家曹雪芹在《红楼梦》中曾说:"万两黄金容易得,知心一个也难求。"所以有人就有这样的感叹:人生得一知己足矣!

姚崇是唐玄宗时期有名的宰相。在姚崇的同窗之中,有一人深得姚崇的敬佩,那就是张宗全。

原来,在姚崇高中秀才后,与一位叫张宗全的秀才同拜一位老师门下继续深造,以期将来能考中进士,光宗耀祖。

一次,老师要姚崇与张宗全就某个题目写一篇文章,两天之后他要考核。这两位学生下去都精心做了准备,将自认为写得最好的一篇交了上来。事有凑巧,姚崇与张宗全所写的内容几乎完全一样,且观点也相当一致,这如何不使老师为之恼火?没想到自己门下两位最得意的门生敢剽窃他人作品,这如何了得?

看到这种情况,姚崇据理力争,声明文章绝非剽窃。而张宗全作品也非剽窃他人,但为了平息老师的怒火,就对老师说:"这实属学生不该,前两天与姚崇兄弟论及此题,姚兄高谈阔论,学生深感佩服,遂引以为论。"

老师听到这番话，也知错怪了两位学生，就平息了心中怒火。事后姚崇心里为此深感佩服，为张宗全的广阔胸襟所感动。

姚崇当了宰相以后，遂向唐玄宗推荐此人，唐玄宗在亲自考核张宗全的才华之后，深以为信，便封了他一个正三品官衔，专职外藩事务。

听到上面这个故事，我们就不会奇怪为什么伟大的物理学家爱因斯坦也说："世间最美好的东西，莫过于有几个有头脑和心地都很正直的、严正的朋友！"

三国时蜀的创建者刘备有这样一个小故事。那时刘备还在读私塾时，由于刘备讲义气、聪明，因此成了同学中的头，在这几年中，他经常帮助其他同学，与他们的关系处得非常好。后来长大了，大家都有自己的道路要走，刘备与这些要好的同学也就各奔东西了。

但是，虽然大家分开了，刘备却很注重经常与同学保持联系。其中有一位叫石全的人，是刘备读书时最合得来的朋友，他读完书后，仍回家继续供奉自己的老母亲，以尽孝道，靠打柴卖字画为生。刘备不嫌其清贫，经常邀请石全到他家做客，共同探讨当时的天下形势，这样的聚会每次都很成功，刘备与石全的关系也在不断地加强，情同手足。

后来，刘备为了实现自己心中宏伟的目标，就带起了一支队伍参加东汉末年的大混战。初时，刘备军事实力很小，不得不依附其他人，在一次交战中，刘备所带的军队被全部歼灭，只他一人逃脱，被石全给藏了起来，逃过一劫。

在生活中，朋友能够帮助你事业的发展，给你提供一个能够展示自我才华的机会和舞台。在你遭遇困境的时候，朋友还会帮你解困，充当"恩人"的角色。信赖和依靠你的朋友，他们将是你走向成功彼岸不可缺少的一部分。

富有爱心：
没被冻死的撒都

同情心多少总是人天然固有的；幼小的孩子听见旁的孩子哭自己也苦恼。

——罗素《西方哲学史·尼采》

所谓怜悯，就是"由于爱心的关怀而促成一种怜恤的感触"。由此可见，怜悯的核心是一个"爱"字。

一个严冬的日子，在崇山峻岭之中，有位名叫撒都的男人，与一位当地人在茫茫山路上结伴而行。突然天气变得风雪交加，十分寒冷，眼看着就要断绝到达前面山庄得生的希望。撒都无意中转头看见三十尺以下的雪坡上躺着一个人，已经失去了知觉。这时他动了怜悯之心，请求他的同伴帮助他，把那人救起来，一同带到村里去。同伴非常生气，大声责备他太不自量：本身尚且不能自保，怎能帮助别人呢？同伴不肯相助，扭头悻悻地撇下他独自走开了。撒都没有别的法子，只得自己下去，把那人拖上来。看他还有口气，便背着他慢慢地向前走。本来一人走这样的山路就很艰难，撒都背着个人行走更是辛苦，但他没有丧失信心，用尽全身力气而行。当他走过一段路的时候，突然发现他那个先走的同伴躺在路旁，原来已经冻死了。这时撒都因为出力，十分温暖，又与所背的人身体摩擦，那人渐渐地苏醒了。最后两人终于平安地到达山庄得救了。

我们想一下，撒都如果不是对那个跌在山坡之下、失去知觉的人有怜悯之心，并尽力去救助，他也许也会像他那个同伴一样被冻死。因为他的怜恤，他所怜恤的人被救助，自己也得到了救助。

可是，怜悯也并不都是慈悲善良的表现，还有一种怜悯，是人的行为被非理智的情感盲目地支配，最终好心办坏事。

天鹅湖中有一个小岛，岛上住着一位老渔翁和他的妻子。平时，渔翁摇船捕鱼，妻子则在岛上养鸡喂鸭。除了买些油盐，他们很少与外界来往。

有一年秋天，一群天鹅来到岛上，它们是从遥远的北方飞来，准备去南方过冬的。老夫妇见到这样的天外来客，非常高兴，因为他们在这里住了那么多年，还没有谁来访过。

渔翁夫妇为了表达他们的喜悦，拿出喂鸡的饲料和打来的小鱼。于是这群天鹅就跟这对夫妇熟悉起来。在岛上，它们不仅敢大摇大摆走来走去，而且在老渔翁捕鱼时，它们还随船而行，嬉戏左右。

冬天来了，这群天鹅竟然没有继续南飞，它们白天在湖上觅食，晚上在小岛上栖息。湖面封冻，它们无法获得食物，老夫妇就敞开他们的茅屋让它们在屋里取暖，并且给它们喂食，这种关怀一直延续到春天来临，湖面解冻。

日复一日，年复一年，每年冬天，这对老夫妇都这样奉献着他们的爱心。有一年，他们老了，离开了小岛，天鹅也消失了。不过，它们不是飞向了南方，而是在第二年湖面封冻期间饿死了。

在这个世界上，人人都赞美无私的爱，可是，有时爱也是一种伤害，而且致命。

如果两位老人能在冬天到来之际不去喂养天鹅，那么，天鹅就会在严寒到来之前飞离天鹅湖，不至于后来死亡。夫妇的爱是一种善意的怜悯，但因为没有理智地考虑不良的后果，结局是反而害死了天鹅。

斯宾诺莎说："我把人类在控制和克制感情上的软弱无力称为奴役。因为一个人为感情所支配，便没有自主权，而受命运的宰割。""只有完全听从理智的智慧，人才是自由的人。"也就是说，只有在正确理性指导下，人才能够摆脱被情感盲目支配的悲剧，获得真正的幸福。

爱的力量：
开在战场上的花

> 必须找出一条超脱所有这些悲哀负担的道路，而超脱只有通过
> 爱才能够达到。
>
> ——罗素《西方哲学史·尼采》

人生是花，爱就是花中的蜜。因为有爱，生活才会变得美好。爱就在我们身边，爱有许多种。父母的爱，长辈的爱，让人感到温馨，给人自信；朋友的爱，同学的爱，让人懂得关爱；旁人的爱，素不相识的人的爱，让人学会感激。这些博大的爱、无私的爱一直在我们的身边，感染着我们的心灵，让我们的心灵变得美好。不仅是生活中，就连兵戎相见的战场上也绽放着爱的花朵。

一战期间，美德两军在一处平原相遇，双方交战激烈，枪声不断响起。在他们之间的是一个无人地带，一个年轻的德军士兵尝试爬过去，结果被带钩的铁丝缠住，发出痛苦的哀号，不住地呜咽着。

相距不远的美军都听得到他的惨叫声。一个美军士兵无法再忍受，于是爬出战壕，匍匐向那德军爬过去。其余美军明白他的行动后，都停止开火，但德军仍炮火不断，直到德国指挥官明白那美军的举动后，才命令军队停火。

此时，战场上一片沉寂。那个美军匍匐爬到受伤的德军那儿，帮他脱离了铁钩的纠缠，扶起他走向德军的战壕，交给已准备迎接他的同胞。之后，他转身走回美军阵营。

忽然，一只手搭在他肩膀上，他转过来，原来是一位获得铁十字勋章的

德军军官，对方从自己制服上扯下勋章，把它别在美国士兵身上，才让他返回自己的阵营。当该美军安全抵达己方战壕后，双方又恢复那毫无理智的战斗。

爱从心里发出，然后流到别人的心里，在人与人之间搭建起一条长长的爱心之桥。爱，往往有着意想不到的力量。

从前有一个小岛，上面住着快乐、悲哀、知识和爱，还有其他各类情感。

一天，情感们得知小岛快要下沉了，于是，大家都准备船只，离开小岛。只有爱留了下来，她想要坚持到最后一刻。

过了几天，小岛真的要下沉了，爱想请人帮忙。

这时，富裕乘着一艘大船经过。

爱说："富裕，你能带我走吗？"

富裕答道："不，我的船上有许多金银财宝，没有你的位置。"

爱看见虚荣在一艘华丽的小船上，说："虚荣，帮帮我吧！"

"我帮不了你，你全身都湿透了，会弄坏了我这漂亮的小船。"

悲哀过来了，爱向她求助："悲哀，让我跟你走吧！"

"哦……爱，我实在太悲哀了，想自己一个人待一会！"悲哀答道。

快乐走过爱的身边，但是她太快乐了，竟然没有听到爱在叫她！

突然，一个声音传来："过来！爱，我带你走。"

这是一位长者。爱大喜过望，竟忘了问他的名字。登上陆地以后，长者独自走开了。

爱对长者感恩不尽，问另一位长者知识："帮我的那个人是谁？"

"他是时间。"知识老人答道。

"时间？"爱问道，"为什么他要帮我？"

知识老人笑道："因为只有时间才能理解爱有多么伟大。"

是啊，只有时间才能理解爱有多么伟大！世界上最强大的，不是坚船利炮，而是仁慈的爱心，生活中我们应该具有仁爱心理，保持对真、善、美的追求，地位、财富固然重要，但真正使人获得永久尊重和帮助的还是那颗善良的心。

认识幸福：
幸福的三个要素

> 爱和知识和对美的喜悦并不是消极；这些足够充满历来最伟大的人物的一生。
>
> ——罗素《西方哲学史·尼采》

罗曼·罗兰说："哪里有生活，哪里就有幸福。越往前去，它就越多，越多"。但是，幸福，究竟是什么？哲人们说，幸福和快乐有三个不可或缺的因素：

一是能爱人。

西恩是一个有肢体及心智残缺的孩子。有一次在公园，西恩见到一群认识的男孩正在玩棒球，问父亲："你想他们会让我一起玩吗？"父亲想，大部分孩子应该不会愿意有西恩这样的孩子在自己的队上，但作为一个父亲，他同时也知道如果他们能让儿子参加，这会让他得到他所迫切需要的归属感，并建立起自己虽然是残障但仍能被接受的信心。

不抱太大希望的父亲走近一个男孩，问他西恩可否参加，男孩看看周围的队友，然后说："我们输了6分，而现在正在第8局上半场，我想他可以参加我们的队，我们会在第9局设法让他上场。"

西恩带着满脸的喜悦困难地走向球队的休息区，穿上该队的球衣。

在第8局下半场，西恩的队追了上来，还输3分。第9局上半场，西恩戴上手套防守右外野。虽然没有球往他的位置飞来，但能在场上他已经很高兴了，笑得合不拢嘴。

第9局下半场，西恩的队又得分了。下一棒是球队逆转的机会，而西恩正是被排在这一棒。

在这个重要关头，队友们会让西恩上场打球而放弃赢球的机会吗？让人惊奇的是他们真的把球棒交给了西恩，尽管大家都知道西恩根本不可能打到球，因为他甚至不知道怎么握球棒。

然而当西恩踏上打击位置，投手已经明白对手为了西恩生命中重要的这一刻放弃赢球的机会，所以他往前走了几步投了一个很软的球给西恩，让他至少能碰一下。

第一球投出来，西恩挥棒落空。投手又再往前走了几步投出一个软软的球给西恩。当球飞过来，西恩挥棒打出一个慢速的滚地球，直直地滚向投手。球赛眼看就要结束。

投手捡起这软软的滚地球，就可轻易地把球传给一垒手，让西恩出局而结束这场球赛。然而投手把球高高地传往一垒手的头顶上方，让他所有的队友都接不到。

每个站在看台上的人不管是哪一队的都开始喊着："西恩，跑到一垒！跑到一垒！跑到一垒！"

西恩这辈子从来没有跑过这么远，但他努力跑到了一垒。他踩上垒包，眼睛睁得很大而且很惊喜。每个人都喊着："西恩，跑向二垒，跑向二垒！"刚喘过气，西恩蹒跚着跑向二垒，跑得很辛苦。

就在西恩往二垒跑时，右外野手拿到了球，这个全队最矮的孩子第一次有了成为英雄的机会。他完全可以把球传向二垒，但他也把球故意高高地传过三垒手的头顶去。当前面的跑者往本垒跑时，西恩跌跌撞撞地往三垒跑。

大家都喊："西恩，跑向三垒，跑向三垒！"

西恩能到达三垒是因为对方的游击手跑来帮忙将他带往三垒的方向，而且喊着："跑到三垒，西恩，跑到三垒！"

当西恩抵达三垒，双方的选手和所有的观众都站起来，高喊着："西恩,全垒打!全垒打!"

西恩跑回本垒踩上垒包时,大家都为西恩大声喝彩,就像他是打了一个大满贯并为全队赢得了比赛的英雄一样。

那一天,看台上的父亲泪流满面,"两队的男孩子把爱和人性的光辉带进了这个世界。"

有了爱,生命就有了春天,世界也变得万紫千红。有了爱,我们就会变得包容,有生气,仿佛有成百上千件事等着我们去完成。

幸福的第二个要素:有事做。

有一次,牛顿的朋友请客,席间,他想起家中有瓶好酒,于是叮嘱朋友稍等,自己回家取酒。这位朋友左等右等,就是不见牛顿回来,只好去看个究竟。原来牛顿在回家的路上,想起一项实验的做法,到家后,就一头栽进实验室,做起实验,把取酒招待朋友的事忘得一干二净。又有一次,牛顿饿了,煮鸡蛋吃,却一边想问题,一边把鸡蛋放进锅子中,等问题解决了,想吃鸡蛋时,揭开锅盖,捞起的竟是自己的怀表。

没有事做的日子,是一种空虚的日子,那漫长的时光,会让你觉得不知道该怎么打发。而认认真真做自己的事情,不仅可以获得知识上的提高,也会让生活变得充实有趣。

至于这幸福的第三个要素,那就是要有希望。

亚历山大大帝有一次大送礼物,表示他的慷慨。他给了甲一大笔钱,给了乙一个省份,给了丙一个高官。他的朋友听到这件事后,对他说:"你要是一直这样下去,你自己会一贫如洗。"亚历山大回答说:"我哪会一贫如洗,我为我自己留下的是一份最伟大的礼物,我所留下的是我的希望。"

这个故事所要告诉我们的道理,就如电影《肖申克的救赎》中说的:"恐惧让你沦为囚犯,希望让你重获自由。坚强的人只能救赎自己,伟大的人才能拯救他人。记住,希望是件好东西,也许是世上最好的东西,而且从没有一样好东西会消逝。"

追求幸福:
幸福从未远离你

每个人总是追求他所认为的自己的幸福。

——罗素《西方哲学史·功利主义者》

很多人常常会感到自己不幸福，其实不幸福就是理想和现实有差距，这也是人们痛苦的根源。人们常常有意把目标定在自己的能力之上，以至于他们努力了却发现了根本无法达到预期目标，这时挫折感就产生了，幸福感就消失了。

《当幸福来敲门》改编自美国著名黑人投资专家克里斯·加纳出版的同名自传。这是一个典型的美国式励志故事。

20来岁的加德纳读书不多，任职医疗物资推销员，还要照顾女友和年幼儿子。1981年，他在旧金山一个停车场，看到一名驾着红色法拉利的男人正找车位，他回忆道："我对他说：'你可用我的车位，但我要你回答两个问题：你做什么工作和怎样做？'"对方自称是股票经纪，月薪达80000美元，比加德纳年薪多一倍。

加德纳于是辞职转行，成功获得证券公司聘请，但还未上班，请他的人被解雇，新工作泡汤了。应征新工作前，他和女友吵架，惊动警员上门调停。加德纳被警方追讨1200美元的违例停车罚款，因为无力还钱，他被判入狱10天。但噩梦还未完，出狱后他发现女友同儿子都消失了，他变得一无所有。几个月后，女友再次现身，但不是想重修旧好，而是她不想带着儿子了。加德纳需要抚养孩子，不能再住单身宿舍，被迫流浪街头……廉价旅馆、公园、火车

站厕所、办公室台底，都成了两父子的栖身之所，一年后他才储够钱拥有自己的小窝。

加德纳努力赚钱，当上股票经纪后，事业一帆风顺。1987年他在芝加哥开设经纪公司做老板，成为百万富翁，近年致力在南非扶贫。

影片中，主人公加德纳饱受挫折，但是他始终没有放弃。在他成为投资人后，走在人群中，他说："这短暂的一刻，叫作幸福。"

有人说："别问为什么幸福不在身边，最后你会发现其实你一直在幸福里。幸福其实一直在身边，就在奋斗的过程里！"这就好似下面这个故事讲的道理：

一天，一只小猫拼命追逐自己的尾巴，转着圈儿追，头都转晕了。猫妈妈问："孩子，你在干什么？"小猫回答："妈妈，我听说，猫的幸福是自己的尾巴，所以，我正在追逐它。一旦捉住我的尾巴，我就得到了幸福。"猫妈妈说："孩子，听妈妈的话，坐在那里，该玩什么就玩什么。"小猫坐着玩了好长时间。猫妈妈问："孩子，玩得高兴吧？"小猫欢快地回答："高兴！"

猫妈妈说："回头看看，你的尾巴是不是一直跟着你？幸福的特点是你越追它，它越躲你。当你该干什么就干什么时，幸福便时刻伴随着你。"

很多时候，我们其实已经拥有了幸福，只是我们没有用心去感受。就像故事中的小猫一样，明明知道幸福是自己的尾巴，可还是不停地追逐它。生活中，幸运从来未远离我们。只要我们用心去发现、去感受，就能得到幸福。

得到幸福：
幸福是一种能力

　　　　每个人都希求自己幸福。

　　　　　　　　　　　——罗素《西方哲学史·功利主义者》

　　周国平说："幸福是一种能力！"幸福作为一种能力，具体地说，是一种感受幸福，对幸福认知的能力——幸福并非遥远的幻觉，它是真实存在于我们身边的。

　　有一位贫穷的人向智者哭诉："智者，我生活的并不如意，房子太小、孩子太多、太太性格暴躁。您说我应该怎么办？"

　　智者想了想，问他："你们家有牛吗？"

　　"有。"穷人点了点头。

　　"那你就把牛赶进屋子里来饲养吧。"

　　一个星期后，穷人又来找智者诉说自己的不幸。

　　智者问他："你们家有羊吗？"

　　穷人说："有"。

　　"那你就把它放到屋子里饲养吧。"

　　过了几天，穷人又来诉苦。

　　智者问他："你们家有鸡吗？"

　　"有啊，并且有很多只呢。"穷人骄傲地说。

　　"那你就把它们都带进屋子里吧。"

从此以后，穷人的屋子里便有了一群孩子的哭声、太太的呵斥声、一头牛、两只羊、十多只鸡。三天后，穷人就受不了了。

他再度来找智者，请他帮忙。

"把牛、羊、鸡全都赶到外面去吧！"智者说。

第二天，穷人来看智者，兴奋地说："太好了，我家变得又宽又大，还很安静呢！"

穷人的房子并没有变大，他的孩子也没有减少，而太太也还是原来的太太——其实他所有的生活环境都没有变化！只是在体会过了更加吵闹的生活后，穷人对他所拥有的幸福有了认知，所以他才变得更加快乐！

幸福与不幸，很多时候只在你的一念之间。能否把握住心中的幸福，往往也决定了现实中的幸福与否。

一个富人经常看到经过他家门口的穷人脸上挂满了笑容，便想，"我什么都不缺，但为什么我不快乐，更不觉得幸福。而他却这么快乐。

他终于忍不住问："先生，看你日子过得很清贫，可你为什么脸上总洋溢着幸福的笑容呢？"穷人笑道："因为我每天的这个时候可以带给我的孩子和妻子食物，虽然不是什么山珍海味，但我们能吃饱。晚饭后，我骑车带他们散步，虽然比不上小轿车舒服，但我觉得很温馨。我有的这一切让我感到幸福。难道我要因比不上富人的生活而苦恼一辈子，远离幸福吗？幸福是一种能力，珍惜所拥有的，就会幸福。"

穷人走后，富人想了好久，他试着想两个可爱的孩子，还有他贤惠的妻子，虽然不很漂亮，但是一个完整的家，还有他的事业，充裕的物质条件，这些都是好多人不能拥有的，可他已经拥有了，他还有什么要挑剔的？虽然有句话叫"山外有山"，此刻，他豁然开朗，他觉得他是世间最幸福的人。

幸福是一种感受，更是一种能力。幸福的修炼，在于有效、积极地化解失败与失落带来的负面情绪。在漫漫人生中，快乐、满意、希望是常态的等待，而郁闷、愤怒、内疚只是偶尔的游客。